Leo Trotzki

I0426081

Texte zur Revolution in Deutschland 1918 bis 1923

Impressum
Herausgegeben von der Sozialistische Alternative – SAV im
August 2013

V.i.S.d.P., Satz und Umschlaggestaltung: Holger Dröge
Druck: CreateSpace

Sozialistische Alternative – SAV
Littenstraße 106/107, 10179 Berlin
Telefon: (030) 24 72 38 02, Email: info@sav-online.de

Inhaltsverzeichnis

Einleitung

von Wolfram Klein

In Deutschland war die nationale Einigung im 19. Jahrhundert nicht durch eine bürgerliche Revolution erfolgt (das war 1848/49 gescheitert, weil das Bürgertum zu große Angst vor der beginnenden Arbeiterbewegung hatte), sondern durch erfolgreiche Kriege Preußens 1864, 1866 und 1870. Auch wenn im so entstandenen Kaiserreich die Großgrundbesitzer (Junker) das Sagen hatten, ermöglichte es eine stürmische Entwicklung des Kapitalismus. Es kam zum „Bündnis von Roggen und Stahl", von Großgrundbesitz und Schwerindustrie.

Die zunehmenden Widersprüche zwischen den kapitalistischen Großmächten in den ersten anderthalb Jahrzehnten des 20. Jahrhunderts führten 1914 zum Weltkrieg:

Deutschland als wirtschaftlicher Spätstarter hatte bei der Verteilung der Kolonien wesentlich weniger abbekommen, als es seiner inzwischen erreichten Stärke entsprach. Da die Welt bereits unter die Kolonialmächte aufgeteilt war, bestand es auf einer Umverteilung. (Das ist eines der wesentlichen Merkmale des Zeitalters des Imperialismus: Die Aufteilung der Welt ist abgeschlossen, der Kampf geht jetzt um die Neuaufteilung.)

Die wachsenden Spannungen zwischen den Großmächten führten zu einem Wettrüsten, das am Lebensstandard der Massen nagte. Trotz Wirtschaftsboom und geringer Arbeitslosigkeit fiel der Lebensstandard teilweise, die Unzufriedenheit stieg entsprechend. Bei den Regierungen nahm die Neigung zu, durch Krieg von den inneren Problemen abzulenken.

Für die deutsche Militärführung, die zu dem Schluss gekommen war, dass ein Krieg unvermeidlich ist, ging es nur noch um die Frage, welcher Termin vorteilhaft wäre. Als sie zu dem Schluss kam, dass die Zeit gegen sie arbeite, nutzte sie den ersten passenden Vorwand (die Ermordung des österreichischen Thronfolgers durch serbische Nationalisten 1914), um den Krieg zu beginnen, der in ihren Augen ein Präventivkrieg war.

De deutsche Arbeiterbewegung war 1871-1914 die führende der Welt, seit 1875 hatte sie eine starke Partei (die seit 1891 den Namen SPD führte). 1914 unterstützte die Führung der SPD wie der meisten sozialdemokratischen Parteien ihre Regierung im Krieg, den sie sich von ihrer Regierung als Verteidigungskrieg andrehen ließ. Tatsächlich ging es für alle beteiligten Regierungen um die „Verteidigung" ihrer imperialistischen Interessen. Keine der Regierungen vertrat historisch fortschrittliche, unterstützenswerte Interessen. Gegen diese Politik entwickelte sich Opposition. In Deutschland bildete sich eine Gruppe um Rosa Luxemburg und Franz Mehring, die 1915 die Zeitschrift „Die Internationale" gründeten, und Karl Liebknecht, der im Dezember 1914 als einziger gegen die Kriegskredite der Regierung stimmte (Gruppe Internationale oder Spartakusgruppe). Im Verlauf des Krieges nahm die Opposition zu, es bildeten sich aber zwei Strömungen heraus. Ein Teil wollte einfach den schrecklichen Krieg beenden und praktisch den vorherigen Zustand wiederherstellen. Das hatte den entscheidenden Haken, dass dieser Zustand ja gerade zum Krieg geführt hatte. Dieser Flügel gründete 1916 die sozialdemokratische Arbeitsgemeinschaft und Ostern 1917 die Unabhängige Sozialdemokratische Partei Deutschlands (USPD).

Die Spartakusgruppe verstand, dass der Krieg eine Folge davon war, dass der Kapitalismus in ein neues Stadium getreten war, den Imperialismus. Ein Ausweg konnte daher nur im Sturz des Kapitalismus bestehen. Trotz der großen Differenzen arbeitete die Spartakusgruppe in der USPD mit. Das war ein schwerer Fehler, weil dadurch der Basis der USPD die Tiefe der Meinungsverschiedenheiten nicht klar wurde. Richtig wäre die Verbindung von organisatorischer Selbständigkeit und praktischer Zusammenarbeit gewesen, die Politik, die später „Einheitsfronttaktik" genannt wurde (s.u.).

Die SPD hatte 1917 ihre Monopolstellung auf der Linken eingebüßt und rückte zur Mitte zum katholischen Zentrum und Fortschrittspartei (Linksliberale). Am 19. 7. 1917 verabschiedeten die drei Parteien eine gemeinsame Friedensresolution. Die Abstimmung war praktisch die Geburt der „Weimarer Koalition".

Die wachsende Opposition gegen den Krieg führte nicht nur zu politischer Umgruppierung sondern auch zu Aktionen. Am 1. Mai 1916 demonstrierte die Spartakusgruppe gegen den Krieg. Die Verhaftung Liebknechts und sein Gerichtsverfahren führten zu weiteren Protesten. Im Frühjahr 1917 führte der Beginn der Revolution in Russland zu einer Streik- und Protestwelle in Deutschland. Die Radikalisierung der russischen Revolution führte im Herbst dazu, dass die Bolschewiki, der revolutionäre Flügel der russischen Arbeiterbewegung die provisorische Regierung stürzte. Damit wurde nicht nur der alte kapitalistische Staatsapparat durch ArbeiterInnen- und Soldatenräte auf allen Ebenen ersetzt, sondern auch die wirtschaftliche Entmachtung der Kapitalisten eingeleitet.

Die Friedensverhandlungen zwischen der russischen Räteregierung und dem deutschen und österreichischen Imperialismus zeigten den ArbeiterInnen dort, dass die Friedenssehnsucht ihrer Regierungen erstunken und erlogen war. Mitte Januar gab es in Österreich eine Welle von Proteststreiks, Ende Januar auch in Deutschland. Sie war noch erfolglos.

Die deutsche Oberste Heeresleitung wollte durch den Frieden mit Russland nicht die Soldaten für den Krieg im Westen freibekommen, sondern die imperialistischen Kriegsziele verwirklichen. Während man sich in Deutschland den Kopf zerbrach, ob man lieber einen württembergischen oder sächsischen Prinzen auf den litauischen Thron setzen sollte, wurden die englischen Panzer und amerikanischen Soldaten nach Nordfrankreich verschifft, die schließlich selbst die deutsche Oberste Heeresleitung (OHL) überzeugten, dass der Krieg nicht mehr zu gewinnen war.

Revolution von oben?

Seit dem 8. August 1918 wusste die deutsche Oberste Heeresleitung, dass der Krieg verloren war. Am 27. September war der Ausstieg Bulgariens aus dem Bündnis klar, womit auch das besetzte Rumänien nicht mehr zu halten war, dessen Erdölquellen für die deutsche Kriegsführung unverzichtbar waren. Am 29. September forderte die OHL die sofortige Einleitung von Waffenstillstandsverhandlungen. Am 2. Oktober verlangte sie die Bildung einer auf die Reichstagsmehrheit (Sozialdemokraten, Zentrum, Fortschrittspartei) gestützten Regierung. Am 3.

Oktober wurde diese von Prinz Max von Baden gebildet. Am 26. Oktober wurde die Verantwortlichkeit der Regierung gegenüber dem Parlament (statt wie bisher gegenüber dem Kaiser) in die Verfassung geschrieben. Am selben Tag bat Ludendorff, der die beiden vergangenen Jahre faktisch eine art Militärdiktator gewesen war, um seinen Abschied. Man kann sagen, dass durch diese Ereignisse die parlamentarische Demokratie in Deutschland eingeführt, eine der Hauptaufgaben der bürgerlichen Revolution verwirklicht war.

Es ist normal, dass Revolutionen oben anfangen. Zu den objektiven Bedingungen einer Revolution gehört, dass die Herrschenden nicht mehr auf die alte Weise herrschen können. Deshalb wird die Krise und Spaltung an der Spitze zum ersten sichtbaren Ausdruck der Revolution. Die Gärung unter den unterdrückten Klassen ist zwar ebenso unverzichtbar, findet aber erst dann sichtbaren Ausdruck, wenn die Massen tatsächlich die Bühne der Geschichte betreten.

Aber erreicht war eine kapitalistische Demokratie in einer Zeit, in der der Kapitalismus schon aufgehört hatte, eine geschichtlich fortschrittliche Rolle zu spielen. Im 19. Jahrhundert hatte bürgerliche Demokratie den Kampf gegen die Überbleibsel des Feudalismus bedeutet, im 20. Jahrhundert bedeutete es den imperialistischen Konkurrenzkampf der kapitalistischen Staaten untereinander, mal als freie Konkurrenz (heute spricht man von „Globalisierung"), mal als Handelskrieg, mal als richtiger Krieg.

So änderte der Wechsel des Regierungssystems fast nichts. Der Krieg blieb weiter imperialistisch. Der Belagerungszustand (der die demokratischen Rechte „vorübergehend" aufhob) blieb bestehen, ebenso das alte System im Militär. Die Macht und der Reichtum der Großkonzerne, die im Krieg an Rüstungsaufträgen kräftig verdient hatten, während das Volk hungerte, bleiben erst recht.

Die bürgerliche Demokratie war in Deutschland schon überholt. Rosa Luxemburg hatte daher schon vor dem Krieg vorausgesagt, dass eine Revolution in Deutschland sozialistisch sein werde. Deshalb war es kein Wunder, dass die revolutionäre Bewegung nicht endete, sondern erst begann.

Die Spartakusgruppe erkannte, dass die Schaffung der parlamentarischen Demokratie der Beginn der sozialistischen Revolution war. Fritz Rück, der 1918 zur Führung der Spartakusgruppe in Württemberg gehört hatte, schrieb über die Ereignisse Ende September, Anfang Oktober in Berlin: „Für den nächsten Tag war eine Konferenz von Vertretern der verschiedenen linsradikalen Richtungen, der Spartakusgruppe, der Bremer, der Hamburger (um Wolffheim-Lauffenberg), einberufen worden. In seinem Referat ging Paul Levi von der Feststellung aus, dass der Zusammenbruch der Militärmaschine und des Kaiserreiches eine Tatsache sei, man sich bereits in einer Revolution befinde und nun jeder an seinem Platz und an seinem Ort die notwendigen organisatorischen und agitatorischen Konsequenzen zu ziehen habe. Dies war eine Aufgabe, die zu bewältigen und ein Auftrag, der zu erfüllen war. Darüber, dass es sich darum handelte, einen entscheidenden Schritt zum Sozialismus zu machen und dass es sich bei der revolutionären Umwälzung, in deren erster Phase man sich befand, nicht darum handelte, die alten Macht- und Eigentumsverhältnisse mit einem neuen Firmenschild zu versehen, gab es in diesem Kreise keinen Zweifel." (Fritz Rück: November 1918. Die Revolution in Württemberg (1958), S. 16, in Fritz

Rück: Schriften zur deutschen Novemberrevolution 1918. Stuttgart 1978)

Am 1. November fand in Berlin eine Sitzung von Revolutionären Obleuten (einer Gruppe von linken Vertrauensleuten der Berliner Großbetriebe, die sich während der vergangenen Streikwellen gebildet hatte, politisch standen sie auf dem linken Flügel der USPD) und Linken (Karl Liebknecht u.a.) statt, in der für den 4. November Massenstreiks zum Sturz der Regierung beschlossen wurden. Zum Schluss der Sitzung wurde der Termin um eine Woche verschoben. Dadurch wurde der organisierte Arbeiteraufstand von der spontanen Matrosenrevolte überrollt. (Der Stuttgarter Teilnehmer war vor Schluss der Sitzung abgereist und deshalb die Verschiebung um eine Woche nicht erfahren. So gab es in Stuttgart schon am 4. November Massenstreiks und Demonstrationen.)

Matrosenrevolte und Arbeiterrevolution

Ende Oktober/Anfang November schloss die mit Deutschland verbündete österreichische Regierung einen Waffenstillstand, während sich die Tschechoslowakei, die südslawischen Gebiete und Ungarn aus Österreich-Ungarn verabschiedeten. Die Niederlage im Krieg war offensichtlich. Am 30. Oktober sollte die Hochseeflotte noch einmal in einem Großeinsatz ausfahren. Die Matrosen zweier Schiffe meuterten, weil sie darin eine Sabotage der Friedensbemühungen sahen. Die Schiffe wurden nach Kiel geleitet, 600 Matrosen wurden verhaftet, die übrigen bemächtigten sich der Stadt Kiel und bildeten Soldatenräte, die Werftarbeiter bildeten Arbeiterräte. Gustav Noske wurde nach Kiel geschickt, um Ruhe und Ordnung wiederherzustellen: die SPD stellte sich an die Spitze der Bewegung, um sie zu bremsen, das gelang ihr bei der Kieler Garnison leicht. Am 5. 11. verabschiedete der Kieler Soldatenrat eine Resolution: Freilassung der Gefangenen, Rechte der Soldaten gegenüber den Offizieren. Arbeiterräte übernahmen meist die Verwaltung und Lebensmittelversorgung.

Bis zum 7. November hatte sich fast die gesamte Flotte der Bewegung angeschlossen. Die Forderungen waren bescheiden. „Man male sich die Situation aus: 100.000 Matrosen haben gemeutert. Sie haben alle Kanonen. Das Leben der Offiziere hängt von ihrer Gnade ab. Das deutsche Kaisertum zerbricht vor ihrer Erhebung; und dieselben Revolutionäre machen sich darüber Sorgen, dass sie künftig nicht mehr: „wollen Herr Leutnant" sagen möchten, sondern einfach: „Sie"." (Arthur Rosenberg, Entstehung der Weimarer Republik, S. 250)

Die Bewegung breitete sich auf die Arbeiterklasse aus, die aber zu Beginn der Revolution noch unter der Führung der SPD und des rechten Flügels der USPD war, in Stuttgart, Bremen, Hamburg und Leipzig (alten Hochburgen der Linken) waren die Forderungen radikaler.

Am 7. 11. rief Kurt Eisner (USPD, Vorsitzender des Arbeiter-, Soldaten- und Bauernrats) in München die bayerische Republik aus und bildete eine Landesregierung aus USPD und SPD. Am 8. 11. dankte der Herzog von Braunschweig ab. Wilhelm II war in Spa in Belgien und dachte nicht an Rücktritt. Am 7. 11. drohte Scheidemann, einer der SPD-Regierungsmitglieder, mit Rücktritt, wenn der Kaiser nicht abdankt. Die Polizei durchsuchte das USPD-Büro, die Revolutionären Obleute verlegten den Generalstreik auf den 9. 11. vor.

Am Vormittag des 9. 11. bewegten sich mehrere Demonstrationszüge ins Berliner Stadtzentrum, zum Regierungsviertel, Soldaten schlossen sich an. 9 Uhr vormittags trat Scheidemann aus der Regierung aus, 12 Uhr gab Max von Baden die Abdankung des Kaisers bekannt (was eine Lüge war), aber nicht der Dynastie. Er selbst trat zurück und übergab die Regierungsgeschäfte an Ebert. Die Demonstrationszüge lösten sich nicht auf, einen von ihnen führte Karl Liebknecht zum Berliner Schloss, die Ausrufung der sozialistischen Republik wurde erwartet, weil das im Demonstrationsaufruf stand. Um 16 Uhr verkündete Liebknecht, dass der Arbeiter- und Soldatenrat (A&S-Rat) das Schloss unter seinen Schutz genommen habe und proklamierte die freie sozialistische Republik Deutschland. Vom Balkon des Schlosses ergänzte er, dass die Aufgabe noch nicht vollbracht sei und die A&S-Räte aufgebaut werden müssten.

Die SPD-Führung war dem zuvorgekommen. Um 14 Uhr rief Scheidemann vom Reichstags-Balkon vor einem anderen Demo-Zug die Republik aus. Scheidemann hat die Rede später in seinen Erinnerungen gefälscht und in einem Ufa-Studio auf Tonband gesprochen. Ein Journalist hat aber die Original-Rede mitstenographiert: Die Revolution hat gesiegt, jetzt geht es um Ruhe, Ordnung, Sicherheit.

In beiden Reden wurde erklärt, das Alte sei zusammengebrochen, sie verkünden das Ende des Krieges und der Hohenzollern-Dynastie, im Vorgriff auf die tatsächlichen Ereignisse. Scheidemann wollte, dass alle sozialistischen Parteien an der Regierung beteiligt würden (sagte aber nicht, wer außer ihnen noch dabei sein sollte), Liebknecht war für die A&S-Räte. Scheidemann war gegen weitere sozialistische Aktionen, Liebknecht sagte, dass die Revolution erst anfängt.

Scheidemanns „deutsche Republik" war gegen den Separatismus (Eisner in Bayern) und gegen die sozialistische

Republik gerichtet. Er sagte nichts über den Inhalt, verkündete nicht mal eine soziale Republik. Aber Scheidemanns scheinrevolutionäre Taktik war für Ebert schon viel zu radikal. Kräfte in der SPD wollten die Revolution überhaupt nicht, Scheidemann war realistischer als sie.

Am 10. 11. wurde eine Koalitionsvereinbarung zwischen SPD und USPD getroffen, das Kabinett von der A&S-Räten bestätigt. Die Koalitionsverhandlungen dauerten nicht einmal 24 Stunden. Die schriftliche Antwort des USPD-Vorstands auf die SPD galt als Koalitionsvereinbarung: Ein Rat der Volksbeauftragten mit sechs Mitglieder, paritätisch aus SPD und USPD, ersetzte den Reichskanzler, darunter blieben die Fachminister (auch die bürgerlichen) weiter im Amt. In der Folgezeit wurden die Staatssekretäre (=Minister) der Regierung Max von Badens nur ersetzt, wenn sie von sich aus zurücktraten. auch die Beamten wurden unverändert übernommen. Die Fachminister bekamen nur Beigeordnete von SPD und USPD (zum Beispiel Kautsky im Auswärtigen Amt)

Die politische Gewalt lag in den Händen der A&S-Räte. Die Frage der Einberufung einer Nationalversammlung wurde bis zur Festigung der Revolution verschoben, die politische Lage wurde offengehalten. Die Mitglieder des Rats der Volksbeauftragten wurden von den beiden Parteivorständen bestimmt: für die SPD Ebert, Scheidemann und Otto Landsberg, bei der USPD war Hugo Haase klar, Wilhelm Dittmann und Emil Barth waren zweite Wahl. Liebknecht lehnte ab. Georg Ledebour war gegen eine Zusammenarbeit mit der SPD-Führung. Der Rat bestand aus SPD und dem rechten Flügel der USPD. Dittmann und Barth kehrten 1922 in die SPD zurück, Haase wäre sicher auch, wenn er nicht davor ermordet worden wäre. Im Rat der Volksbeauftragten saß praktisch die SPD-Führung von vor 1914.

Die Legitimation der Regierung war nur durch die Revolution möglich. Am 10. 11. wurde sie vom Groß-Berliner A&S-Rat einstimmig bestätigt (300 Delegierte im Zirkus Busch, 150 ArbeiterInnen, 150 Soldaten). Sie erteilten der Regierung noch einen Auftrag, der nicht in der Koalitionsvereinbarung stand: die rasche und konsequente Vergesellschaftung der kapitalistischen Produktionsmittel. Diesen Auftrag hat sie nicht erfüllt. Die A&S-Räte wählten einen Vollzugsrat mit erst 24, dann 28 Mitgliedern. die Arbeitervertreter waren zur Hälfte von SPD und USPD. Durch kooptierte Mitglieder aus dem Reich wurde er allmählich auf 45 vergrößert. Dort gehörten die USPD-Vertreter zum linken Parteiflügel. Der Vollzugsrat nahm von Anfang an die Vertretung für die deutschen Räte in Anspruch, der Aufgabenbereich war nicht fest umschrieben, erst am 22. 11. wurden die Kompetenzen gegenüber dem Rat der Volksbeauftragten abgegrenzt.

Am 9. 11. wurden zwei Republiken ausgerufen, am 10. 11. zwei Regierungen gebildet. Eine ähnliche Entwicklung gab es nach 1789 in Frankreich, 1917 in Russland.

Rätekongress und Nationalversammlung

Der Reichsrätekongress vom 16.-20. 12. 1918 war die revolutionäre „verfassunggebende Versammlung". Die Wahlen wurden durch IndustriearbeiterInnen und noch nicht entlassene Soldaten abgehalten. Es waren fast nur ArbeiterInnen da. Der Spartakusbund hatte nur wenige Mandate (Fritz Heckert, Eugen Leviné), die Revolutionären Obleute mehr. Der linke USPD-Flügel stellte etwa ein Viertel der Delegierten. Es gab drei Fragen:

Wahlen zu einer Nationalversammlung: die SPD wollte sie möglichst früh, ein Teil der USPD später, entsprechend der Koalitionsvereinbarung, der linke USPD-Flügel wollte ein Rätesystem. Max Cohen beantragte den 19. 1. 1919 als Wahltermin, Ernst Däumig (Revolutionäre Obleute) ein Festhalten am Rätesystem, der Rätekongress sollte höchstes Gesetzgebungsorgan sein. Die offizielle Regierungsposition (Wahlen erst nach Festigung der Revolution) wurde nicht als Antrag gestellt. Däumigs Antrag wurde mit 98:344 abgelehnt, Cohens mit überwältigender Mehrheit angenommen. Bei den anderen wichtigen Beschlüssen setzte sich die SPD dagegen nicht durch:

Am 19. 12. beantragte die SPD, die Sozialisierung aus Zeitmangel von der Tagesordnung zu nehmen, musste diesen Antrag aber zurückziehen. Nach der Diskussion beantragte die SPD selbst den unverzüglichen Beginn der Sozialisierung aller hierzu reifen Industrien. Das wurde fast einstimmig angenommen.

Die „sieben Hamburger Punkte" wurden bestätigt: Rätesystem in Heer und Marine, Wahl der Vorgesetzten durch die Soldaten, Volkswehr statt stehendem Heer.

Alle drei Beschlüsse waren bindende Gesetze. Es gab einen breiten Konsens für die Demokratisierung von Heer, Verwaltung und Wirtschaft. Der Beschluss für die Einberufung der Nationalversammlung bedeutete nicht, dass die Regierung bis dahin untätig sein sollte. Der Rat der Volksbeauftragten hat aber nur Beschluss Nr. 1 umgesetzt.

Der Berliner Vollzugsrat wurde durch den Zentralrat der A&S-Räte des Reichs ersetzt. Der linke USPD-Flügel war über den Verlauf den Kongresses enttäuscht und setzte

die Nicht-Beteiligung der USPD an den Zentral-
rats-Wahlen durch. Es war nur die SPD vertreten. Die
Position der USPD im Rat der Volksbeauftragten war
nach dem Kongress unhaltbar, eine Woche später traten

sie aus (nachdem am 23/24. 12. 1918 die revolutionäre
Volksmarinedivision von kaiserlichen Fronttruppen auf
Befehl Eberts unterdrückt wurde) und wurden durch
Noske und Wissell ersetzt.

Die Gründung der KPD, 30. 12. 1918 — 1. 1. 1919: Es
waren 127 Delegierte anwesend, 3/4 vom Spartakusbund,
1/4 von den Bremer Linksradikalen. Beschlossen wurde:
1. Der Spartakusbund trat aus der USPD aus. 2. Bei der
Diskussion über die Nationalversammlung war die Mehrheit für Wahlboykott. 3. Zusammenschluss zur Kommunistischen Partei Deutschlands (Spartakusbund), KPD(S).
Wegen dem Boykottbeschluss beteiligte sich nur ein klei-
ner Teil der USPD. Ein großes Defizit war, dass die Revolutionären Obleute in der USPD blieben. Die Parteimehr-
heit litt unter "linksradikalen Kinderkrankheiten". Im
März fand in Moskau die Gründung der Kommunistischen Internationale (Komintern) statt. durch sie wurde
ein internationaler Zusammenschluss der Organisationen
erreicht, die durch die Erfahrung mit Weltkrieg und Revolutionen zu revolutionären Schlussfolgerungen kamen

Bei den Nationalversammlungswahlen am 19. 1. 1919 leg-
ten die Arbeiterparteien gegenüber 1912 um 10 % zu. Die
Erwartungen waren höher gewesen. Die Frauen, die erstmals wählen durften, wurden dafür zum Sündenbock gemacht als „linke Dolchstoßlegende". Am 11. 2. wählte die
Nationalversammlung Ebert zum Reichspräsidenten, der
beauftragte Scheidemann mit der Regierungsbildung. Am
13. 2. war die Regierung fertig: SPD (38 %), DDP (19,6

%), Zentrum (20 %). Damit stellte der Rat der Volksbeauftragten seine Arbeit ein.

Januaraufstand 1919

Nach dem Zentralratsboykott und dem Rücktritt der USPD-Volksbeauftragten folgten andere USPD-Amtsträger. Der Berliner Polizeipräsident Emil Eichhorn (Revolutionäre Obleute) blieb im Amt. Er fiel damit der USPD-Linie in den Rücken, wollte aber diese Machtposition des revolutionären Proletariats nicht aufgeben. Am 4. 1. wurde er vom preußischen Innenminister entlassen und weigerte sich zu gehen. Es gab Verhandlungen der verschiedenen oppositionellen SozialistInnen, eine Demonstration von USPD, Revolutionären Obleuten und KPD(S). Die ArbeiterInnen sollten ihre Macht und das Fortbestehen des revolutionären Geistes zeigen. Über 100.000 kamen, Däumig, Eichhorn, Ledebour, Liebknecht redeten. Am Abend wurde über die Weiterführung der Bewegung beraten, ein Aktionsausschuss von 33 gebildet, der beschloss gegen sechs Stimmen den Sturz der Regierung. Verschiedene Gebäude im Berliner Zeitungsviertel wurden besetzt (Vorwärts, Ullstein, Büxenstein), weitere Gebäude, aber keine Regierungsgebäude.

Die Berliner USPD war gegen einen weiteren Aufstand, Teile der Revolutionären Obleute und die Mehrheit der KPD-Zentrale gegen den Sturz der Regierung zum gegenwärtigen Zeitpunkt. Die KPD-Zentrale zog sich aus dem Aktionsausschuss zurück, aber die Linksradikalen in der KPD machten Straßenkämpfe.

Trotzdem rief die KPD nicht zum Beenden der Aktionen auf, wollte die kämpfenden ArbeiterInnen nicht alleine lassen. In vielen Städten wurden Solidaritäts-Aktionen gemacht, vom 10.1. bis 4.2. war Bremen Räterepublik. Berlin wurde von Truppen besetzt, der Belagerungszustand verhängt.

Der Januaraufstand 1919 wird auch heute noch oft fälschlich als Spartakusaufstand bezeichnet. Die linksradikale KPD-Mehrheit sah darin eine revolutionäre Bewegung, die die 2. Revolution einläutet, auch viele ArbeiterInnen sahen es so. Rosa Luxemburg hatte schon auf dem Gründungsparteitag vorhergesagt, dass die zweite Welle der Revolution von betrieblichen Kämpfen ausgehen würde. Der Aufstand wurde von kaiserlichen Truppen unter dem Befehl Noskes ("Einer muss den Bluthund machen") niedergeschlagen, Karl Liebknecht und Rosa Luxemburg wurden wenige Tage später ermordet, die SPD machte sich endgültig zum Gegner der Revolution, aber auch die Aufständischen machten Fehler.

Als es in Petrograd (Petersburg) in der russischen Revolution im Juli 1917 eine ähnliche Bewegung gab, in der die Hauptstadt dem Rest des Landes davonpreschte und unterdrückt wurde, tauchte Lenin unter, weil sein Leben in der Pogromstimmung in Gefahr war. Aber Liebknecht und Luxemburg blieben trotz der nationalistischen Mordhetze in Berlin. Am 15. 1. 1919 wurden beide verhaftet und ermordet. Am 25. 1. wurde Liebknecht gemeinsam mit 31 anderen RevolutionärInnen beerdigt. Rosa Luxemburgs Leiche wurde erst im Sommer gefunden.

Die Schuldigen wurden freigesprochen oder man ließ sie fliehen. Die Zusammenhänge wurden erst 1929 aufgedeckt im Zusammenhang mit der Beleidigungsklage gegen den Rechtsanwalt Jörns. Bis dahin waren Zweifel an der offiziellen Version „auf der Flucht erschossen" strafbar. Jörns machte unter den Nazis Karriere.

Die Streikbewegung im Frühjahr 1919

Sie dauerte am längsten im Ruhrgebiet. Sie war die von Rosa Luxemburg erwartete sozialrevolutionäre Massenbewegung. Ziel war nicht der Sturz der Regierung, sondern die Sozialisierung des Bergbaus entsprechend dem Beschluss des Rätekongresses, der von der SPD verschleppt wurde. Die Streikbewegung versuchte, die Sozialisierung von unten umzusetzen. Seit November 1918 gab es immer wieder Streiks und Unruhen im Ruhrgebiet, ab der Jahreswende kam die Sozialisierungsforderung verstärkt auf.

Der Januaraufstand führte zu einer Radikalisierung. Am 11. 1. streikten 80.000, der Essener A&S-Rat ergriff die Initiative. Schon am 9. 1. hatte er die Sozialisierung beschlossen, am 11. 1. wurden die Büros der Kohlensyndikate besetzt, Lohn- und Preiskontrollen eingeführt, ein Volkskommissar für Sozialisierung ernannt, das Ende des Streiks und die Weiterführung der Produktion beschlossen. Am 13. 1. wurde auf einer Konferenz sämtlicher A&S-Räte des rheinisch-westfälischen Industrlereviers mit Regierungs- und Gewerkschaftsvertretern einstimmig (!) beschlossen, einen drittelparitätischen Neunerrat zu bilden. Die Beschlüsse wurden durch zwei weitere Konferenzen bestätigt.

Trotzdem wurden Beschlüsse durch Regierung und ADGB nicht umgesetzt. Statt dessen wurden am 11. 2. Mitglieder des Soldatenrats verhaftet. Es gab eine neue Streikwelle. Eine Konferenz beschloss am 14. 2. den Generalstreik und den Kampf gegen die Regierung, wenn die Maßnahmen nicht zurückgenommen werden. Am 15. 2. rückten Freikorpsverbände ein. Eine Teilkonferenz (nur Radikale) beschloss den Generalstreik, bei der Vollkonferenz am 18. 2. gab es Tumulte, die SPD verließ die Sitzung, die Konferenz beschloss den Generalstreik, an dem sich 180.000 Arbeiter (die Hälfte der Bergarbeiter) beteiligten, am 21. 2. wurde der Generalstreik bei einer neuen Konferenz offiziell abgebrochen, die maßlose Erbitterung auf allen Seiten und die Radikalisierung blieb.

Am 24/25. 3. gab es blutige Zusammenstöße zwischen Freikorps und ArbeiterInnen in Witten, es kam zu einem allgemeinen Streik im Ruhrgebiet für die Anerkennung der Räte, die Entwaffnung der Freikorps und die Sechs-Stunden-Schicht. Am 30. 3. beschloss eine Schachtdelegiertenkonferenz (also keine Partei-, sondern Arbeiterkonferenz) den unbefristeten Generalstreik. 10.-14. 4. waren über 300.000 im Streik (75 % der Bergarbeiter), auch ehemalige Gemäßigte. Die Reichsregierung verhängte den Ausnahmezustand und ernannte Carl Severing (SPD) zum Reichskommissar. Trotz massivem Druck, Verhaftung der „Rädelsführer", Sonderrationen für Streikbrecher dauerte es bis zum 28. 4., bis die Freikorps die Bewegung militärisch unterdrückt hatten.

Die Bewegung hatte relativ gemäßigt begonnen, aber sich radikalisiert und ausgeweitet, war den Parteien und Gewerkschaften entglitten. Es war eine wirtschaftliche Rätebewegung, die die Nationalversammlung nicht in Frage stellte. Sozialisierung und Rätebewegung wurden als Ergänzung der parlamentarischen Demokratie verstanden. Das entsprach den Beschlüssen der Reichsrätekonferenz.

Münchner Räterepublik

Seit dem 3. 11. 1918 war Kurt Eisner Ministerpräsident einer Koalitionsregierung von USPD und SPD in Bayern. Eisner gehörte bis 1914 zum rechten Flügel der SPD, entwickelte sich im Ersten Weltkrieg aus pazifistischen Gründen nach links, wollte die Räte als zweite Parlamentskammer und lehnte den russischen Weg ab. Er zögerte die Sozialisierung hinaus, nahm aber die Räte ernst. In Bayern gab es auch Bauernräte. Eisner musste Landtagswahlen am 13. 1. 1919 zustimmen. Dort bekamen die rätefreundlichen Parteien 80, die bürgerlichen Parteien 100 Sitze, (Eisners USPD nur 3). Die Regierung blieb geschäftsführend im Amt bis zur Landtagseröffnung am 21. 2. Eisner wollte zurücktreten, wurde aber auf dem Weg zum Landtag vom rechtsradikalen Graf Arco ermordet. Bei ArbeiterInnen und Soldaten gab es eine ungeheure Erregung, ein Arbeiter schoss auf den SPD-Innenminister und tötete dabei einen bürgerlichen Abgeordneten. Der Rätekongress wurde wieder aktiv und bildete eine erneute SPD-USPD-Koalitionsregierung unter Hoffmann (SPD), die vom Parlament akzeptiert wurde.

Anfang März schickte die KPD-Zentrale Eugen Leviné nach München. Dort dominierte auf der Linken aber der Anarchismus unter Mühsam, Landauer und Ernst Toller. Die proklamierten ermutigt durch die ungarische Räterepublik am 7. 4. die Räterepublik. Die KPD erklärte das zur Schriftstellerkomödie. SPD, USPD und Anarchisten bildeten einen Rat der Volksbeauftragten, Hoffmann ging nach Bamberg, um dort seine gewaltsame Rückkehr vorzubereiten, verhandelte mit der Reichsregierung über eine Intervention. Bürger und Bauern waren gegen die Räteregierung. Am 13. 4. versuchte das Militär, die "Räteregierung" zu verhaften (was auch bei Erich Mühsam gelang). Aber die Soldaten auf den Straßen brachten die ArbeiterInnen auf, die in den Generalstreik traten. Schon Marx hat gesagt, dass Revolutionen manchmal die "Peitsche der Konterrevolution" brauchen, um sich zu radikalisieren. So wurde durch den Versuch der Unterdrückung aus der

Schriftstellerkomödie eine ernsthafte Sache. Die KPD war unter diesen Umständen bereit, mit der USPD und Anarchisten wie Landauer eine zweite Räteregierung zu bilden. Die ArbeiterInnen wurden bewaffnet, die Sozialisierung von unten proklamiert. Am 1./2. 5. 1919 wurde München von Regierungstruppen erobert. Der weiße Terror umfasste Hunderte von Erschießungen (versehentlich wurde auch eine Gruppe von katholischen Handwerkslehrlingen ermordet), lange Zuchthausstrafen (u.a. gegen Toller, Mühsam). Eugen Leviné wurde zum Tode verurteilt und hingerichtet. Die Regierung Hoffmann kehrte nach München zurück, es wurde eine Koalition aus SPD, Bayerischer Volkspartei und Zentrum gebildet (entsprechend der Weimarer Koalition). Die wirkliche Macht lag bei der fanatisierten militaristischen Konterrevolution. In diesem Klima wurde Adolf Hitler Ende Mai Agent der Reichswehr zur Parteienbespitzelung, Ende August bildete er selbst andere Spitzel aus. Er war aber nur einer unter vielen Konterrevolutionären.

Weimarer Koalition

In der Nationalversammlung war die SPD mit 163 Abgeordneten stärkste Fraktion. Das Zentrum war die bedeutendste konfessionelle Partei in der deutschen Geschichte, wurde 1870 gegründet. Sie bestand aus miteinander konkurrierenden Flügeln. Ab 1917 dominierte der demokratische Flügel um Matthias Erzberger (geboren 1875, 1921 ermordet), der sich auf die katholischen ArbeiterInnen stützte. Sie bekannte sich vorbehaltlos zur Weimarer Republik, war mit 91 Abgeordneten die größte bürgerliche Fraktion. In der Weimarer Republik war sie in jeder Regierung vertreten. Ende der Zwanziger Jahre gab es in ihr einen Rechtsruck.

Die Deutsche Demokratische Partei war eine Gründung der Revolutionszeit (20. 11. 1918). Sie entstand aus dem linksliberalen Spektrum (Fortschrittliche Volkspartei) und Teilen der Nationalliberalen. In der Nationalversammlung waren sie die drittstärkste Fraktion mit 74 Abgeordneten.

Der Versailler Vertrag: Am 18. 1. 1919 begann in Paris die Friedenskonferenz, auf der 32 Staaten vertreten waren. Tatsächlich entschieden Wilson (USA), Lloyd George (Britannien) und Clemenceau (Frankreich). Die deutsche Delegation erhielt einen fertigen Text vorgelegt. Es gab fünf Verträge in Pariser Vororten: Versailles, St. Germain (Österreich), Trianon (Ungarn), Neuilly (Bulgarien), Sèvres (Türkei).

Wilson war vor allem an der Gründung eines Völkerbundes interessiert: eine grundsätzliche Friedensordnung mit bindenden Verpflichtungen und Verzicht auf einen Teil der Hoheitsrechte. Wenn er Erfolg gehabt hätte, hätte ein solches Bündnis zwischen imperialistischen Räubern nur eine Räuberbande sein können. Tatsächlich war der Streit der Räuber um die Beute zu heftig. Clemenceau wollte Frankreichs Stellung als kontinentale Vormacht gegen deutsche Revanche sichern durch Gebietsabtretungen bis zur Rheingrenze oder entmilitarisierte Zonen. Lloyd George knüpfte an die britische Tradition der Gleichgewichtspolitik an. Er wollte keine Hegemonialmacht und Europa gegen ein Vordringen des Bolschewismus sichern. Dazu sollte der Völkerbund, ein Sicherheitsgürtel in Ostmitteleuropa (Cordon sanitaire) und die nicht zu große Schwächung Deutschlands dienen.

Die Interessen der Siegermächte durchkreuzten einander. England war gegen den starken Völkerbund Wilsons und die französischen Sicherheitsziele. Statt dessen wurde

Frankreich ein Garantievertrag gegen Deutschland angeboten, der aber nicht zustande kam. Frankreich fühlte sich in der Folgezeit düpiert.

Die Einzelbestimmungen in bezug auf Deutschland bedeuteten: 1/7 des Gebietes, 1/10 der Bevölkerung gingen verloren: Westpreußen, Posen, Danzig wurde freie Stadt, Teile Oberschlesiens (es sollte an Polen gehen, Deutschland konnte eine Volksabstimmung durchsetzen, bei der 60 % für Deutschland stimmten, darauf wurde es 60:40 geteilt, wobei Kohle und Industrie weitgehend an Polen gingen, in dieser Frage gab es militärische Auseinandersetzungen), der Anschluss Österreichs an Deutschland wurde verboten, Elsaß-Lothringen kam an Frankreich, das Saargebiet wurde für 15 Jahre dem Völkerbund unterstellt, die linksrheinischen Gebiete wurden zonenweise besetzt, die Grenze zu Dänemark nach einer Volksabstimmung festgelegt, die Kolonien gingen verloren. Der deutsche Außenhandel wurde schwer getroffen. Die Kohlenbasis wurde um 1/3 reduziert, die Erze um 75%. Die Reparationen wurden nicht genau festgelegt, was zu immer wieder neuen Debatten führte. Deutschland sollte wehrlos sein, aber nicht ganz (als Schutz gegen den Osten und zur Aufrechterhaltung der inneren Ordnung gegen die ArbeiterInnen): das Heer wurde auf 100.000 Berufssoldaten, die Marine auf 15.000 verkleinert, Luftwaffe, Panzer und U-Boote ganz verboten.

Der Vertrag wurde Deutschland vorgelegt, in der Nationalversammlung Gegenvorschläge gemacht, im Juni gab es ein Ultimatum, in dem militärische Besetzung angedroht wurde. Die Regierung trat zurück. Am 21. 6. gab es eine neue Regierung unter Gustav Bauer (SPD) aus (SPD und Zentrum, am 22. 6. wurde er mit 237:138 Stimmen angenommen (USPD, Mehrheit von SPD und Zentrum,

Teile der DDP stimmten dafür), am 28. 6. wurde der Vertrag unterschrieben.

Die Weimarer Verfassung: Am 31. 7. 1919 wurde sie in der Nationalversammlung beschlossen, am 11. 8. trat sie in Kraft. Am 25. 11. 1918 war der Staatsrechtler Hugo Preuß mit der Ausarbeitung einer Verfassung beauftragt und dafür zum Staatssekretär ernannt worden. Er war der linkeste deutsche Staatsrechtprofessor. In der Scheidemann-Regierung war er Innenminister, linksliberaler DDPler. Die Sozialdemokratie verzichtete auf entscheidenden Einfluss, hatte nur einzelne wesentliche Vorschläge: parlamentarisches System, Stärkung der kommunalen Selbstverwaltung, allgemeines Wahlrecht. Die Beschlüsse der A&S-Räte wurden ignoriert. Die Verfassung knüpfte an die Steinschen Reformen zu Beginn des 19. Jahrhunderts und die Paulskirche 1848 an. Sie war konzipiert gegen den monarchischen Obrigkeitsstaat und die sozialistischen Forderungen.

Die Entscheidung für die Republik, parlamentarische Demokratie, das auf die Frauen ausgedehnte allgemeine Wahlrecht , das auf 20 herabgesetzte Wahlalter, Verhältniswahlrecht, Landtage, Gleichberechtigung von Kapital und Arbeit, die offizielle Anerkennung der Gewerkschaften durch die Unternehmer, der bestehenden Wirtschaftsordnung durch die Gewerkschaften, all das

stand für die Kräfte, die sich die Führung der Revolution unter den Nagel gerissen hatten, schon vorher fest. Am 3. 1. 18 lag ein Entwurf vor, dann diskutierte die Nationalversammlung im Plenum und in einem Ausschuss. Die SPD verzichtete auf den Vorsitz, statt dessen machte das Conrad Haußmann (DDP). Die zentrale Stellung des Reichstags war unbestritten: volles Gesetzgebungsrecht, die Regierung vom Vertrauen des Reichstags abhängig, schwächere Position für den Reichsrat als den Reichstag. Die Landtage hatten weniger Rechte als in der BRD. Am umstrittensten war die Stellung des Präsidenten. SPD und USPD waren gegen eine starke Stellung, setzen sich aber nicht durch, die Mehrheit wollte einen starken Reichspräsidenten als Gegengewicht gegen die Parlamentsherrschaft (womit die SPD gemeint war). Also wurde der Präsident direkt vom Volk gewählt und hatte umfassende politische Funktionen: 1. Initiative zur Regierungsbildung: Vorschlag des Regierungschefs (Art. 53), 2. Recht der Reichstagsauflösung (Art. 52), 3. Volksentscheid über unerwünschte Gesetze (Art. 74), 4. Notverordnungsrecht (Art. 48). Es gab sieben Volksbegehren, die alle scheiterten. dagegen wurden schon von Ebert 135 Notverordnungen erlassen, die meisten 1923.

Eine weitere Besonderheit war der Grundrechtekatalog: neben traditionellen liberalen Grundrechten wurden von verschiedenen Parteien eingebracht: Gleichberechtigung der Geschlechter, Gleichstellung von unehelichen Kindern, Möglichkeit der Sozialisierung, Recht auf Betriebsräte. Bei der Abstimmung am 31. 7. gab es 262 ja, 75 nein (Monarchisten, USPD), 86 Abgeordnete nahmen nicht teil (v.a. Koalitionsanhänger)

Kapp-Putsch und Generalstreik

Nach der Niederlage der zweiten Revolutionswelle erstarkte die bürgerliche Rechte ab Mitte 1919. Zugleich verlor die SPD AnhängerInnen nach links. Anfang 1920 entsprach das Nationalversammlungs-Wahlergebnis nicht mehr dem Kräfteverhältnis.

Die Deutschnationale Volkspartei (DNVP) war am 24. 11. 1918 gegründet worden. Sie war ein Zusammenschluss der konservativen Vorkriegsparteien. Ein Parteiprogramm gab es erst am 9. 4. 1920, aber davor den Gründungsaufruf und die Richtlinien des Parteivorstandes zur Nationalversammlungs-Wahl. Die Vereinigung der konservativen Parteien diente der Konzentration, um politischen Einfluss zu behalten. Trotz Lippenbekenntnissen zur Republik wurde die parlamentarische Demokratie bekämpft, die Wiederherstellung der Monarchie angestrebt. Sie vertrat die Interessen von Großgrundbesitz und Schwerindustrie (gegen Enteignungsbestrebungen). Bei den Nationalversammlungswahlen wurde sie mit 16,3 % die größte Oppositionspartei.

Die Deutsche Volkspartei (DVP) wurde am 15. 12. 1918 gegründet. Sie war Erbe des größten Teils der Nationalliberalen des Kaiserreichs, wurde maßgeblich von Gustav Stresemann geprägt. Sie galt als Partei des national eingestellten kleinen und mittleren Bürgertums mit engen Beziehungen zur Großindustrie, aber nicht zum Großgrundbesitz. Sie waren für die Wiederherstellung des Kaisertums. Bei den Nationalversammlungswahlen bekam sie 4,4%.

Die Rechtsopposition hatte die bewaffnete Macht (die Reichswehr, vor allem das Offizierskorps, und die Freikorps), da in der Revolution keine demokratische Armee geschaffen wurde. Sie wollten die Regierung mit Gewalt stürzen, die nicht freiwillig gehen wollte. Angst vor der zersplitterten und entwaffneten Arbeiterklasse hatten sie nicht. Die internationalen Ereignisse zwangen zum Losschlagen, bevor die Vorbereitungen (Gewinnung konservativer Politiker) fertig waren: der Versailler Vertrag sah die Beschränkung von Reichswehr und Marine vor. Das hätte die Entlassung von 2/3 der Reichswehr und damit die Verkleinerung des konterrevolutionären Machtpotentials bedeutet.

Im Februar kam die Regierung unter Druck, die Marinebrigaden Erhardt und Loewenfeld aufzulösen (die die Hoffnungsträger der Putschbereiten waren). Am 29. 2. verfügte Noske die Auflösung der Brigade zum 10. 3. Er geriet in Konflikt mit General von Lüttwitz, der sich wiedersetzte. Der ging am 10. 3. zu Ebert mit vier Forderungen: 1. Auflösung der Nationalversammlung und Reichstagswahlen, 2. Einsetzung von parteiunabhängigen Fachministern im Außen-, Wirtschafts- und Finanzministerium. 3. Absetzung des Chefs der Heeresleitung, Reinhardt, des einzigen demokratisch eingestellten Generals, und Ernennung von Lüttwitz selbst zum obersten Armeechefs, 4. Rücknahme der Auflösungsverfügung. Ebert lehnte ab, Lüttwitz putschte.

Am 13. 3. besetzen die Brigade Erhardt und andere das Berliner Regierungsviertel, der ostpreußische

Generallandwirtschaftsdirektor Kapp (DNVP) proklamierte sich zum Reichskanzler. Die Regierung hatte keine bewaffneten Verteidiger, das Militär war „neutral" (erklärte schon in der Nacht zum 13. 3.: „Truppe schießt nicht auf Truppe"), unterstützte die Regierung nur gegen links. Den Putschisten schlug eine Sympathiewelle aus Militär und Bürgertum entgegen, es gab nur taktische Bedenken wegen der schlechten Vorbereitung. Die Regierung floh nach Dresden und weiter nach Stuttgart. Nur einzelne Minister blieben in Berlin. Aber vor der Flucht fielen der Regierung wieder die ArbeiterInnen ein und sie rief zum Generalstreik auf.

Am 13. 3. begannen Streiks, am Montag 15.3. ein Generalstreik. Die Führung lag nicht bei den Gewerkschaften, sondern Parteien. Zentrum war das Ruhrgebiet. Schon am 13.3. gab es keine Telefonverbindung zwischen Berlin und dem Ruhrgebiet mehr. Es konnten keine zentralen Direktiven mehr ausgegeben werden. Im allgemeinen lag die Initiative bei den FunktionärInnen, die örtliche Aktionsausschüsse bildeten. Die ArbeiterInnen forderten Waffen zum Schutz gegen die örtliche Reaktion und die Freilassung der politischen Gefangenen. Ab einem bestimmten Moment machten sich die ArbeiterInnen von den zögernden Funktionären unabhängig, es gab spontane Demonstrationen, Gefangenenbefreiung, Bewaffnung der ArbeiterInnen.

Die Kapp-"Regierung" war zum Verhandeln gezwungen, die Bauer-Regierung hatte Angst vor der Radikalisierung der ArbeiterInnen. Am 17. 3. trat Kapp zurück. Ihre Forderung nach baldigen Neuwahlen wurde erfüllt, Lüttwitz wurde entlassen, erhielt aber eine Pension, Nachfolger wurde Hans v. Seeckt, der sich in der Putschnacht neutral erklärt hatte. In München war die SPD-geführte Hoffmann-Regierung während dem Kapp-Putsch abgesetzt worden, Gustav von Kahr wurde Chef einer rein bürgerlichen Regierung, das wurde später nicht wieder rückgängig gemacht. Der Reichskanzler Bauer trat zurück, Nachfolger wurde Hermann Müller (ebenfalls SPD), im Reich blieb die Weimarer Koalition, Noske wurde als Kriegsminister abgelöst, innerhalb der SPD fand sich kein Nachfolgekandidat, also wurde es Otto Geßler (DDP). Das war ein Zwischenspiel bis zu den Wahlen.

Nach Kapps Rücktritt wollte die Regierung ein Ende des Generalstreiks. Im Ruhrgebiet kam es zur Eskalation zu einem bewaffneten Arbeiteraufstand: Nach einer Woche

Straßenkämpfen waren die Putschisten im Ruhrgebiet entwaffnet, es bildete sich eine „Rote Armee" von 50.000, die weder eine disziplinierte kommunistische Armee noch ein disziplinloser Haufen war, sondern kleine Arbeitereinheiten, die sich gegenseitig kannten, die Mitgliedschaft war freiwillig, die AnführerInnen wurden von der Basis ernannt. Viele junge Arbeiter, viele Frauen und Mädchen nahmen teil.

Vollzugsräte wurden als zivile Organisation geschaffen, am 25. 3. ein Zentralrat der Vollzugsräte. Am 23. 3. war der Generalstreik reichsweit offiziell zu Ende. das Bielefelder Abkommen von Regierung, Gewerkschaften und Arbeiterparteien vom 24. 3. verlangte den Abbruch des Generalstreiks und die Entwaffnung der ArbeiterInnen. Die Regierung verpflichtete, sich die Putschisten zu bestrafen und die Reaktion zu entwaffnen, örtliche republikanische Volkswehren zu errichten und die Sozialisierung voranzutreiben, die Reichswehr nicht ins Ruhrgebiet einmarschieren zu lassen. Daraufhin legte ein großer Teil der Roten Armee die Waffen nieder. Ein Teil nicht — was die Regierung zum Vorwand für den Einmarsch nahm.

Mindestens 1000 ArbeiterInnen wurden getötet, über 800 verurteilt, zusammen zu über 1000 Jahren Gefängnis, Prozesse gegen rechts gab es nicht.

Märzkämpfe 1921

Die Reichstagswahlen vom 6. 6. 1920 waren eine Katastrophe für die Weimarer Koalition. Die ArbeiterInnen gingen nach links, die Bürgerlichen nach rechts. Statt 75 % hatte die Koalition weniger als 50%. die SPD fiel von 37,9 % auf 21,6 %, die DDP von 18,6 % auf 8,4 %, das Zentrum von 19,7 % auf 13,6 %, das machte zusammen

205 von 459 Mandaten. Die USPD wurde zweitstärkste Partei, legte von 7,6 % auf 18 % zu, die KPD kam auf 2%. Die SPD hatte ihren dominierenden Einfluss unter den ArbeiterInnen fast verloren. Die DNVP wuchs von 10,3 % auf 15,1 %, die DVP von 4,4 % auf 14 %, die Rechte hatte ihren Stimmenanteil verdoppelt, auf fast 1/3. Die Weimarer Koalition bekam in der Weimarer Republik nie wieder eine Mehrheit.

Am 8.6. 1920 trat die Regierung zurück, am 25. 6. trat die erste rein bürgerliche Regierung der Republik unter Konstantin Fehrenbach (Zentrum) an: Zentrum, DDP und DVP bildeten eine Minderheitsregierung, erstmals war eine gegenüber der Republik distanzierte Partei an der Regierung. Bis 1928 gab es keinen SPD-Reichskanzler mehr. Die SPD hatte trotzdem noch Gewicht. Ebert war bis 1925 Reichspräsident, am 22. 10. 1922 verlängerte der Reichstag seine Amtszeit um 2,5 Jahre. Die SPD blieb in den Ländern stark, vor allem in Preußen mit Ministerpräsident Otto Braun, ähnlich in Baden, Hessen und Hamburg. Aber die Länder hatten wenig Einfluss.

Die bürgerlichen Koalitionen waren teilweise auf die Tolerierung durch die SPD angewiesen. Im Mai 1921 trat Fehrenbach zurück, dann gab es bis November 1922 eine Neuauflage der Weimarer Koalition unter Joseph Wirth, die durch die Bürgerlichen toleriert wurde.

Die USPD spaltete sich im Oktober 1920 fast in der Mitte beim Streit um den Beitritt zur Kommunistischen Internationalen. Die USPD-Anhängerschaft war immer uneinheitlich gewesen, die Spaltung wurde von vielen als überfällig gesehen, im Dezember 1920 vereinigte sich die Mehrheit mit der KPD(S) (die neue Partei hieß dann bis August 1921 Vereinigte Kommunistische Partei Deutschlands, VKPD, dann wieder Kommunistische Partei Deutschlands), der Rest vereinigte sich im September 1922 mit der SPD.

Die VKPD wollte ihre große Kraft nutzen. Die aus der USPD gekommenen Mitglieder waren zum Teil besonders radikal. Nachdem ihnen so lange (in Revolutionen sind ein paar Monate eine sehr lange Zeit) der rechte USPD-Flügel ein Klotz am Bein war, wollten sie jetzt aktiv werden. Sie hatten erkannt, dass der Grund für das Scheitern der ersten Revolutionsanläufe in Deutschland das Fehlen einer revolutionären Massenpartei war. Jetzt war dieser Fehler in ihren Augen endlich behoben. Sie erkannten nicht, dass diese Massenpartei immer noch nicht die Mehrheit der ArbeiterInnen hinter sich hatte und dass andere Schichten der Arbeiterklasse andere Schlussfolgerungen aus den Niederlagen der ersten Revolutionsanläufe gezogen hatten. Ein Teil bezweifelten die Möglichkeit einer Revolution und sah deshalb keine Alternative zum Reformismus der SPD. Ein anderer Teil war nach der Enttäuschung über SPD und USPD nicht bereit, ungeprüft zu glauben, dass die KPD grundlegend anders wäre.

Die Führung der KPD beachtete diese Probleme zu wenig. Im mitteldeutschen Bergbaugebiet um Mansfeld waren die ArbeiterInnen besonders radial (nachdem sie kurz vorher noch zu den rückständigeren Teilen der Arbeiterklasse gehört hatten). Im März 1921 schickte die preußische Regierung Polizei in die Region, um die ArbeiterInnen zu unterdrücken. Die KPD-Führung rief Knall auf Fall zum Generalstreik auf, ohne den ArbeiterInnen im Rest von Deutschland vorher durch eine Agitationskampagne zu erklären, worum es überhaupt ging. Dazu machte sie den Fehler, den Verteidigungskampf als revolutionäre Offensive darzustellen. ArbeiterInnen sind aber viel

eher bereit, ihren KollegInnen in anderen Regionen bei-
zustehen, wenn diese vom Klassenfeind angegriffen werden. In der Region Mansfeld gab es bewaffnete Kämpfe,
in benachbarten Regionen auch. Aber Deutschland insgesamt blieb ruhig. Teilweise versuchte die KPD, die Bewegung künstlich in Gang zu bringen, isolierte sich aber damit noch mehr von der Mehrheit der Arbeiterklasse.

Die Auswertung der Märzkämpfe führte zu erheblichen
Kontroversen in der KPD und der Kommunistischen Internationale. Paul Levi, der vom Frühjahr 1919 bis Anfang 1921 KPD-Chef gewesen war, diffamierte die ganze
Aktion als Putsch. Obendrein trug er zu den Gerüchten
bei, die Komintern-Führung in Moskau habe den Auftrag
erteilt, künstlich eine Revolution zu machen, um dem revolutionären Russland aus seiner schwierigen Lage zu helfen (das Land war nach sieben Jahren Krieg und Bürgerkrieg verwüstet). Es waren zwar Vertreter der Komintern
in Deutschland gewesen, die solche Idee vertreten hatten.
Aber das Fehlen einer erfahrenen revolutionären Führung
betraf nicht nur der KPD, es bestand international. Auch
die Komintern sah sich immer wieder gezwungen, Leute
mit Aufgaben zu betrauen, mit denen diese sich dann als
überfordert erwiesen. Es ist eine unhaltbare Legende,
dass die Führung der Bolschewiki, also vor allem Lenin
und Trotzki, im März 1921 noch um jeden Preis Aufstände anzetteln wollten und schon wenige Wochen später
eine entgegengesetzte Politik vertraten, weil sie den Glauben an die Revolution verloren hatten und deshalb nur
noch an guten Handelsbeziehungen zu den kapitalistischen Staaten interessiert waren.

In Wirklichkeit führten Lenin und Trotzki und die russischen Bolschewiki insgesamt gerade deshalb auf dem
Dritten Kongress der Kommunistischen Internationale

einen heftigen Kampf gegen die Fehler der "Märzaktion", weil sie den Aufbau einer Partei gefährdeten, die die deutsche Revolution zum Sieg führen könnte. Als "Gegengift" betonten sie die Notwendigkeit der Gewinnung der Mehrheit der Arbeiterklasse. Dazu musste die KPD im Kampf für die Tagesinteressen der ArbeiterInnen deren Vertrauen gewinnen. Dazu war auch eine "Einheitsfront" mit der SPD notwendig. Sie war zwar offensichtlich keine revolutionäre Partei, aber damals trotzdem noch eine Arbeiterpartei, die für die Tagesinteressen der ArbeiterInnen eintrat — nicht die neoliberale kapitalistische Partei von heute, die den in Jahrzenten mühsam aufgebauten Sozialstaat zerschlägt (Riester-Rente, Hartz-Vorschläge etc.). Wenn ein solcher gemeinsamer Kampf zustande kam, konnten sich die ArbeiterInnen überzeugen, dass die KPD auch für Tagesforderungen wirksamer kämpfen kann als die SPD-Führung, die immer nach Kompromissen mit den Kapitalisten schielt. Wenn die SPD den Kampf für Tagesforderungen verweigert, die sie in Worten auch unterstützt, treibt sie ihre AnhängerInnen ebenfalls zur KPD. Diese Politik, die Mehrheit der Arbeiterklasse zu erobern, erwies sich in der damaligen tiefen Krise des Kapitalismus als sehr wirksam. Das Problem war nur, den Punkt zu erkennen, wo der Übergang zur Eroberung der Macht stattfinden musste.

Das Jahr 1923

Nah dem Sturz der Wirth-Regierung wurde Ende 1922 eine Regierung des Großkapitals gebildet. Reichskanzler wurde Cuno, der Generaldirektor einer Schifffahrtsgesellschaft. Er forderte eine Begrenzung der Reparationsforderungen gegen Deutschland. Die französische Regierung unter Poincaré verlangte die Erfüllung aller Forderungen. Da Deutschland die vorgeschriebenen Kohlemengen nicht geliefert hatte, besetzte Frankreich das Ruhrgebiet, um die Kohlen zu beschlagnahmen. Die deutsche Regierung forderte den passiven Widerstand, die Nichtzusammenarbeit mit den Besatzungsbehörden. Tatsächlich verhinderten die Bergbauunternehmen die Einstellung der Kohleförderung mit allerlei Vorwänden, weil ihnen ihre Profite wichtiger waren. So wurde die Kohle weiter gefördert und nur das Verladen mussten die Besatzungstruppen selbst besorgen. Nach einer kurzen Pause heizten die Großkonzerne auch die Inflation wieder an, die ihnen Exporte zu Dumpingreisen auf dem Weltmarkt ermöglichte.

Die Inflation führte zu Massenelend bei den ArbeiterInnen und Angestellten und zur Entwicklung einer revolutionären Situation. Es gab den Wunsch nach radikaler Veränderung, hergebrachte Begriffe von Ordnung etc. zerfielen. Schon Ende 1919 gab es Teuerungsunruhen, ihren Höhepunkt erreichten sie 1923. Vor allem Frauen und junge Menschen beteiligten sich: die Menschenmenge zog zum Bürgermeister, zur Stadtverwaltung, forderten Kontrollausschüsse; wenn sie das nicht erreichten, gingen sie direkt zu den Händlern, um niedrigere Preise zu erzwingen, gelegentlich gab es auch direkte Plünderungen. Die KPD versuchte, die Bewegung über die Kontrollausschüsse in organisierte Bahnen zu lenken.

Die Regierung nutzte die französische Ruhrbesetzung, die Möglichkeit eines weiteren französischen Vorrücken und mögliche polnische Übergriffe zur heimlichen Aufrüstung. Die Verbindungen zwischen Reichswehr und den Freiwilligenverbänden, der „Schwarzen Reichswehr", wurden verstärkt, aber ihr Zulauf blieb gering, nach Schätzungen nur 50.000, unter denen viele Abenteurer und Abschaum war. Die faschistischen Freikorps wollten sich nicht der Reichswehr unterordnen und forderten statt dessen ihre Zusammenfassung unter Ludendorff (der schon 1920 den Kapp-Putsch unterstützt hatte). Dagegen arbeiteten in Bayern Regierung, Reichswehr und Faschisten eng zusammen.

Am 29. Juli rief die KPD zu einer Demonstration zum Antifaschistischen Tag in Berlin auf. Die Cuno-Regierung verbot die Demonstration und die KPD-Führung blies sie ab. Trotzdem kamen zu Parteiversammlungen in Berlin 250.000 ArbeiterInnen und wollten von der Partei Handlungsanweisungen ... und bekamen sie nicht. Cuno verhängte den Belagerungszustand. Im August kochte die Stimmung über. Am 11. kam es in Berlin zu einem von den kommunistischen Betriebsräten, aber nicht der KPD-Zentrale, geführten Generalstreik. Die ArbeiterInnen verlangten den Rücktritt der Cuno-Regierung und die Sicherung ihrer Lebensmittelversorgung. Der Streik breitete sich auf andere Orte aus. Am folgenden Tag trat die Cuno-Regierung zurück.

Stresemann wurde Reichskanzler und Außenminister, es gab eine große Koalition von SPD bis DVP, zur Beendigung des passiven Widerstand, der Bekämpfung der Inflation und Unruhen. In einer Erklärung vom 26. 9. wurde der passive Widerstand abgebrochen.

Die Regierung Stresemann befand sich auch im Konflikt mit rechten Kräften, die ihr Zentrum in Bayern hatten. Die bayerische Politik war ein Bündnis der weißblauen Opposition gegen Berlin mit der schwarzweißroten Opposition gegen das Weimarer System. Schon 1921/2 gab es Konflikte zwischen Bayern und Reich. Nach der Bildung der Großen Koalition und dem Abbruch des passiven Widerstands wurde der Kampf gegen das Weimarer

System und die „Ruhrverräter", des christlich-nationalen Bayerns gegen das „verjudete marxistische Berlin" verstärkt. Bei diesem Konflikt zwischen Bayern und dem Reich war Hitler nur ein Statist.

Bayern erklärte den Ausnahmezustand, v. Kahr wurde Staatskommissar mit diktatorischen Vollmachten, Stresemann übertrug die Exekutive im ganzen Reich auf v. Seeckt.

Die Kommunistische Internationale und die KPD-Führung hatten seit 1921 vor allem Angst vor einer Wiederholung der Fehler von 1921 gehabt und die Eroberung der Massen durch die Einheitsfrontpolitik betont. Bis zur Ruhrbesetzung war das völlig richtig gewesen. „In einer Begrüßungsrede auf dem Leipziger Parteitag wies Clara Zetkin auf die möglichen Folgen der Ruhrbesetzung hin. Aber weder die Partei noch die Internationale nahmen eine entschiedene Haltung ein oder brachten eine entschiedene Resolution bezüglich der Möglichkeiten einer Revolution ein, die durch diese beispiellose Lage geschaffen wurde. Es war die erste einer Reihe von kolossalen Fehlern." (C. L. R. James, World Revolution 1917-36, London 1937, S. 175) Auf einer Sitzung der Erweiterten Exekutive der Kommunistischen Internationale hielt Karl Radek, der in der Komintern für Deutschland zuständig war, am 15. Juni 1923 ein langes „Referat über die weltpolitische Lage", in dem er nur kurz die wirtschaftliche Zerrüttung Deutschlands schilderte und warnte, dass die Bourgeoisie die Arbeiterklasse zu einem unzeitgemäßen Aufstand provozieren wolle.

Nach dem Generalstreik gegen Cuno begannen KPD und Kommunistische Internationale, sich auf die revolutionäre Lage einzustellen. KPD-Chef Brandler reiste zu

Gesprächen nach Moskau. In den Debatten dort kämpfte Trotzki dafür, dass ein Termin für einen Aufstand festgelegt wird, um die ganzen Kräfte der Partei auf die neue Aufgabe zu konzentrieren. Selbst wenn der Termin dann nicht eingehalten werden könnte, wäre das ein unverzichtbarer Hebel zur Umstellung der Arbeitsweise der Partei. Das wurde in Worten gebilligt.

Die KPD sollte in Thüringen und Sachsen in die Regierung eintreten (dort hatten SPD und KPD zusammen die Mehrheit, es waren Hochburgen des linken SPD-Flügels), sie sollten den völkischen Marsch von München auf Berlin stoppen. Am 10. 10. traten 3 KPD-Mitglieder in die sächsische Regierung, am 16. geschah das gleiche in Thüringen. Anders als es Trotzki für selbstverständlich hielt, nutzten die KPD-Minister ihre Stellung nicht, um die Länder zu Bollwerken der Revolution zu machen. Dafür bereitete die Reichsregierung mit Notverordnungen des sozialdemokratischen Präsidenten Ebert und der Zustimmung der sozialdemokratischen Minister die Unterdrückung der SPD-geführten Arbeiterregierungen in Sachsen und Thüringen vor. Am 21. 10 war eine Versammlung sächsischer Betriebsräte, die SPD lehnte gewaltsamen Widerstand gegen die Reaktion ab, die KPD verschob den geplanten Aufstand. Die KPD, die die Mehrheit der Arbeiterklasse erobert hatte, billigte der nichtrevolutionären SPD das Veto-Recht zu. Hamburg bekam das nicht mit, es gab einen isolierten Aufstand, der nicht einmal Zehntausende gerade streikende Hafenarbeiter einbezog. Die Große Koalition erkannte das Risiko des Bürgerkrieges für sie, am 29. 10. setzte die Reichsregierung die sächsische und thüringische Arbeiterregierung ab. Am 2. 11. traten die SPD-Reichsminister zurück. Die KPD wurde verboten. 9.000 ArbeiterInnen wurden vor

Gericht gestellt, viele wurden im Gefängnis „geselbstmordet" oder „auf der Flucht erschossen".

Gleichzeitig wurde die sozialen Errungenschaften der Novemberrevolution vernichtet. Am 13. 10 wurde ein Ermächtigungsgesetz für Wirtschaft, Finanzen, Soziales erlassen, weitere folgten bis zum Jahresende. Dabei wurden die revolutionären Errungenschaften abgeschafft: der Achtstundentag, ein Arbeiterbeitrag zur Erwerbslosenfürsorge wurde eingeführt, das Arbeitsministerium durfte in die Lohngestaltung eingreifen. Es wurde die Möglichkeit genutzt, die sozialpolitischen Errungenschaften der Revolution wieder zu kippen. Am 15. 11. 1923 wurde die Rentenmark eingeführt. Der industrielle und landwirtschaftliche Besitz sollte zur Deckung der Mark dienen. Aber das Ende der Krise kam wie der Beginn von außen: durch englische Vermittlung kam eine internationale Kommission zur Prüfung der Fähigkeit Deutschlands zu Reparationszahlungen zustande, geleitet wurde sie von Charles Dawes. Dessen Plan wurde bei einer Konferenz im Juli/August 1924 angenommen. In Frankreich war Poincaré abgewählt worden. Deutschland erhielt eine Anleihe von 800 Millionen Goldmark, bis 1927 sollte es jährlich 1,7 Milliarden zahlen, dann 2,5 Milliarden. Der Reichstag stimmte dem Dawes-Plan zu, auch die Hälfte der DNVP stimmt der Privatisierung der Reichsbahn und ihrer Verpfändung als Sicherheit für die Reparationszahlungen zu.

Die bayerische Regierung übernahm am 22. 10. die Verfügung über die in Bayern stationierten Reichswehrverbände (das war nach ihrer eigenen bürgerlichen Logik eigentlich Meuterei und Hochverrat), an der bayerischen Nordgrenze marschierten völkische Verbände auf. Nach dem Berliner Vorgehen gegen Sachsen und Thüringen zweifelten die bayerischen Rechtskräfte, ob sich ein Putsch jetzt noch lohnte. Am 8./9. 11. machte Hitler einen eigenen Putschversuch. Bis dahin war er noch Statist, erst im folgenden Prozess bekamen Hitler und die NSDAP einen Namen. Am 8./9. 11. drangen Nazis in eine Veranstaltung mit Kahr ein, schossen in die Decke, um Kahr zum Putsch zu zwingen. Als Kahr Einverständnis heuchelte, gingen sie heim. Als Hitler merkte, dass er geleimt worden war, versuchte er eine Straßendemonstration, die bei der Feldherrnhalle auseinandergesprengt wurde. Nachdem die Reichsregierung gegen links zugeschlagen hatte, Bayern gegen rechts, war zwischen beiden wieder Frieden. die Hochverräter Kahr und Lossow wurden stillschweigend amnestiert.

Das Versagen der KPD-Führung 1923 war ein historischer Wendepunkt. Eine der vielversprechendsten revolutionären Möglichkeiten in der Geschichte wurde verschlafen. Das bedeutete das Ende der revolutionären Welle, die mit der russischen Revolution 1917 begonnen hatte. In Russland selbst führte die Isolierung der Revolution dazu, dass sich eine abgehobene Bürokratie herausbildete, die die Rätedemokratie der ersten Revolutionsjahre erdrückte und durch eine totalitäre Diktatur ersetzte. In den kapitalistisch gebliebenen Ländern brachte die Weltwirtschaftskrise nach 1929 vor allem den Faschismus in die Offensive. Erst aus den Elend des Zweiten Weltkriegs und dem Widerstand gegen den Faschismus entstand ab 1943 eine neue revolutionäre Welle (in der leider ebenso wie nach dem ersten Weltkrieg der Aufbau revolutionärer Massenparteien misslang).

Die internationale Lage

3. Oktober 1918

Rede auf der gemeinsamen Sondersitzung des Gesamtrussischen Zentralexekutivkomitees, des Moskauer Stadt- und Bezirkssowjets und VertreterInnen von Fabrikkomitees und Gewerkschaften, 3. Oktober 1918, How the Revolution armed. The Military Writings and Speeches of Leon Trotsky, Band 1: 1918, New York 1979, S. 500-511

Die südöstliche Extremität Europas, die Balkanhalbinsel, stellt ein Bild von monströsen wirtschaftlichen und nationalen Verwicklungen, Gegensätzen und Konflikten dar. Alle Widersprüche und Zusammenstöße von Interessen, die das kapitalistische Europa zerreißen, finden sich in kleinerem Maßstab auf dem kleinen Gebiet der Balkanhalbinsel. Und weil diese Halbinsel ein wirtschaftlich rückständiger Teil Europas ist und daher den Appetit der großen Räuber der Großmächte erweckt, wurden die Balkaninteressen und -gegensätze unter dem Druck von Widersprüchen von ganz Europa verkompliziert, durchkreuzt und vergrößert. Die Balkanhalbinsel wurde schon lange zum Hornissennest der europäischen Politik, ein brodelnder Hexenkessel, aus dem von Zeit zu Zeit Flammenzungen des europäischen Vulkans und des weltweiten Gemetzels ausbrachen oder auszubrechen drohten.

1912 war die Balkanhalbinsel der Schauplatz der Balkankriege zwischen der Türkei auf der einen Seite und Bulgarien, Serbien, Griechenland und Montenegro auf der anderen Seite, die Verbündete waren. Schon damals sagten die revolutionären SozialistInnen voraus, dass dieser blutige Krawall auf dem Balkan bloß der Beginn, der Vorläufer des großen Weltkriegs sei.

1914 begann der große Krieg. Er entstand genau in dieser Region, in der südöstlichen Ecke Europas, der Balkanhalbinsel. Ein Konflikt zwischen Österreich-Ungarn und Serbien war der Ausgangspunkt für den folgenden Verlauf der Ereignisse und wir sehen jetzt, dass eine neue Wende im europäischen und weltweiten Gemetzel und zusammen mit ihr eine neue Wende in der Weltgeschichte ihren Anfangspunkt wieder auf der Balkanhalbinsel hat, wo, ich wiederhole, die verfluchten Merkmale der kapitalistischen Welt konzertiert sind.

Ganz zu Beginn des Krieges war Serbien das Zentrum der Ereignisse. Die ungeheure Überlegenheit von Deutschland und Österreich-Ungarn, die in ihrem Bündnis unbesiegbar schienen, führte für den Beginn eine vernichtende Niederlage Serbiens herbei. Es schien, dass Bulgarien, der Söldner der Mittelmächte, jetzt das beherrschende Land auf der Balkanhalbinsel sein werde. Aber wir sehen jetzt, dass der Abfall Bulgariens zwar natürlich nicht die Ursache, aber trotzdem der offensichtliche Ausdruck einer scharfen Wendung im Verlauf des imperialistischen Gemetzels ist. In der ersten Periode des Krieges herrschte Deutschland vor, seine Vorherrschaft nahm ständig zu und gewöhnte die ganze Welt an den Glauben an die Unerschütterlichkeit von Deutschland Militär- und imperialistischer Herrschaft. Seine Überlegenheit lag an der Überlegenheit seiner kapitalistischen Technik; durch die Produktion von unvergleichlichen Massenvernichtungsmaschinen bekam die Maschine von Deutschlands

Militarismus Gleichstand und mehr als Gleichstand gegenüber seinen Feinden, trotz ihrer Bevölkerungszahl und ihren Reichtum.

Am anderen Pol, im gegnerischen Lager, besaß Frankreich allein eine zentralisierte Armee mit kriegerischen Traditionen. Britannien sah sich gezwungen, zu militärischer Improvisation zu greifen, seine Armee aus Nichts zu schaffen. Aus diesem Grunde gehörte der Erfolg der ganzen ersten Kriegsperiode Deutschland. Seine Kriegsindustrie, die strenge Kastenorganisation des deutschen Adels, die größere Disziplin und Ausbildung des deutschen Volkes — alles das schuf eine solche Kriegsmaschine, dass ihr die vereinigten Kräfte Frankreichs, Italiens, Russlands und der anderen kleineren Alliierten nicht gewachsen waren. Dann traten, mit einer großen Verspätung, die Vereinigten Staaten von Nordamerika in den Krieg — ohne eine große Armee, aber mit einer gewaltigen Technik.

Zu dieser Zeit war der ungeheure Apparat des deutschen Imperialismus schon verschlissen, vor allem waren es die Arbeitskräfte und die Fabriken, die die Vernichtungsmittel herstellten. Gleichzeitig lebte und gedieh die militärische Kraft Britanniens und Amerikas, weil sie einen Markt gebildet hatten, in den ihr Menschenmaterial strömte. Dann wendeten die Vereinigten Staaten ihre Militärmacht, ihre Vernichtungsmaschinen gegen Deutschland, und sie machten das nicht, weil es von den ArbeiterInnen und BäuerInnen in den Krieg gezogen worden wäre. Nein, in den ersten drei Kriegsjahren stand Amerika abseits: der amerikanische Shylock versorgte Europa mit Geschützen und Zerstörungsmitteln, und erst als der deutsche unbeschränkte U-Boot-Krieg den amerikanischen Handel mit den Alliierten zu bedrohen anfing, forderte der amerikanische Shylock die Schaffung eines Binnenmarktes für den Absatz von Geschützen, Geschossen und Gewehren, die sich an der Küste Amerikas anhäuften, weil die Ausfuhr nach Europa durch die Deutschen gesperrt war. Das war der letzte, von der amerikanischen Diplomatie ausgenützte Anstoß, der Amerika in das Abenteuer warf, das war die Triebfeder für die ungeheure Rolle Amerikas in der Entwicklung des europäischen Krieges. In Deutschland herrschten allerdings die stupiden Junker, die oberflächlich genug waren, die Einmischung der Vereinigten Staaten in den Krieg zu begrüßen. Mit einem Schlage werden wir alle Feinde los werden — das heißt die Konkurrenten auf der ganzen Welt — sagten sie; aber die Rechnung stimmte nicht. Der riesige amerikanische Kriegsapparat verfügte über unerschöpfliche Vorräte, und das sahen nur jene, die sich über den Charakter der Ereignisse im klaren waren, sich den nüchternen Blick bewahrten und die historischen Vorgänge vom Gesichtspunkte des historischen Materialismus einschätzen. Jetzt, da wir MarxistInnen den zurückgelegten Weg überblicken und die Programme prüfen, die die Imperialisten, ihre Lakaien — die Demokraten — und die Lakaien dieser Lakaien — die Scheidemann-Leute und Renaudel-Anhänger — entwickelten — jetzt sehen wir, dass diese vier Jahre nicht nur mit den Leichen der in diesem Kriege gefallenen ArbeiterInnen besät sind, sondern auch mit den Leichen der verschiedenen Programme, Pläne und Theorien.

Nur ein Programm hat das weltweite Kreuzfeuer überlebt — das Programm der Leute, die ihre fünf Sinne beisammen hielten. Wir können sagen, dass wir allein, die MaterialistInnen, den Charakter der Ereignisse sahen und ihr Ergebnis vorhersagten. Die Geschichte mag sich anders als wir wünschen bewegen, aber sie bewegt sich entlang der von uns skizzierten Bahn. Und obwohl entlang der Bahn viele Opfer liegen, wird ihr Ende das sein, das wir vorhersagen: der Fall aller Götter des Imperialismus und Kapitalismus. Es ist, als ob die Geschichte beschlossen hätte, der Menschheit eine letzte und plastische Lektion zu erteilen. Anscheinend war die Arbeiterklasse zu träge, unbeweglich und unentschlossen. Natürlich hätten wir nicht diesen Krieg gehabt, wenn sich die Arbeiterklasse 1914 entschlossen genug erwiesen hätte, gegen die Imperialisten aller Länder aufzutreten. Aber dies passierte nicht: die Arbeiterklasse brauchte eine weitere grausame Lehre durch die Geschichte. Und jetzt zog die Geschichte das mächtigste, am höchsten organisierte der Länder auf die Bühne und ließ es auf beispiellose Höhe steigen. Deutschland diktierte der ganzen Welt seinen Willen durch die Mündungen seiner 42-Zentimeter-Geschütze. Es schien ganz Europa auf unbeschränkte Zeit versklavt zu haben. Es nahm sich einen ungeheuren Teil von Frankreich. Mit seinen zahllosen U-Booten untergrub es Britanniens Seeherrschaft. Es schien, dass Deutschlands Aufstieg ganze Generationen dauern würde, wenn nicht gar für immer. Die Geschichte, die dem Kapitalismus Deutschlands beispiellose Macht gewährt hat, schien den deutschen ArbeiterInnen zu sagen: ihr seid SklavInnen, ihr dürft nicht wagen, eure Köpfe zu heben, eure Hälse vom Joch des Kapitalismus zu befreien. Schaut dieses Kapital an, das mit den Produkten eurer Arbeit bewaffnet ist: dieses Kapital, das über die ganze Welt herrscht, wird morgen über den Rest der Planeten herrschen und es wird kein Ende seiner Macht geben. Und dann stürzte die selbe Geschichte, die den deutschen Imperialismus auf solche schwindelerregende Höhe gehoben und das Bewusstsein der Massen hypnotisiert hatte, ihn mit katastrophalem Tempo von dieser Höhe herab in einen Abgrund von Demütigung und Hilflosigkeit, als wollte sie sagen:

seht, wie er zerschlagen ist — jetzt liegt es an euch, jedes Überbleibsel von ihm aus ganz Europa, aus der Welt zu entfernen. So spricht die Geschichte.

Wir haben die erschreckende Periode der unbeschränkten Herrschaft des deutschen Imperialismus durchlebt. Ich hatte die Gelegenheit, dem Zentralen Exekutivkomitee eine kleine Episode zu erzählen, die damit zusammenhängt, dass ein Vertreter des allmächtigen Deutschlands von Russland mit einem ironischen, gehässigen Ton sprach, als er es „mächtig" nannte. Mit diesem Ausdruck „mächtiges Russland" sagte er in Gedanken und leicht durchschaubar: „Hier seid ihr, fast 200 Millionen Russen, die sich einst für eine mächtige Macht hielten, aber jetzt haben wir den Stiefel in eurem Nacken und werden euch unseren Willen diktieren."

Aber trotzdem neigt niemand dazu, auch nur ein bisschen zu hämen, weil Deutschland eine kolossale Katastrophe erlitten hat. Wir werden voller Freude sein, wenn diese Katastrophe das Schicksal des Militarismus und Kapitalismus insgesamt wird und wenn das Urteil der Geschichte nicht von anglo-französischen und amerikanischen Kanonen, sondern von den Kanonen des revoltierenden Proletariats vollstreckt wird. Wir wissen, dass gegenwärtig, vorläufig, das, was passiert, eine Machtverschiebung von einem imperialistischen Lager zum anderen ist, die katastrophale Schwächung Deutschlands kann und muss in den nächsten Tagen und Wochen, höchstens in den nächsten Monaten, zu einem Wachstum der Macht, Überheblichkeit und Raubgier des anglo-französischen und japano-amerikanischen Imperialismus führen. Der eine ist uns genauso feindlich wie der andere und heute sind wir selbst bei der radikalen Änderung in der internationalen Lage so weit von einem Bündnis mit dem siegreichen anglo-französischen Imperialismus entfernt wie wir gestern von einem Bündnis mit dem deutschen Imperialismus entfernt waren. Wir bleiben auf beiden Seiten unabhängig, als eine unabhängige Kraft, als eine Einheit der vorrückenden proletarischen Weltrevolution. Wir sagen, lasst nicht die anglo-französischen und japano-amerikanischen Schicksalsherren versuchen, das Ausmaß ihres Sieges auszudehnen, wie es von Kühlmann in Brest-Litowsk formulierte. Die Geschichte hat nicht in der Person von Hoffmann ihr Endurteil gesprochen in dem Sinne, dass das Schicksal der Völker einzig durch Verträge bestimmt wird.

Wir haben zwar eine ernsthafte Haltung zu Verträgen und den Verpflichtungen, die wir eingehen, wir müssen aber gleichzeitig erklären, dass das Schicksal von Völkern wie Deutschland und auch solchen wie der Ukraine, Polen, den baltischen Ländern und Finnland nicht von einem Dokument abhängen kann, das zu einem bestimmten Zeitpunkt der politischen Entwicklung unterschrieben wurde.

Neue Kräfte entstehen sowohl innerhalb Deutschlands als auch jenseits seiner Grenzen und wir zweifeln nicht, dass der Augenblick nahe ist, wo der Vertrag von Brest-Litowsk von den Kräften überprüft werden wird, die nach der Macht streben. Die Trägerin dieser Kraft in Deutschland ist die Arbeiterklasse. Dass der Absolutismus in Deutschland sich im Augenblick seiner Kapitulation dem Volksparlamentarismus zuwendet, bedeutet, dass sowohl diese klugen Leute, die an der Spitze des Staates standen, und auch die, die ihnen dienten, Schiffbruch erlitten haben. Wenn in unserem Land vor gerade anderthalb Jahren, im Februar 1917, die Kadetten zusammen mit den Sozialrevolutionären und Menschewiki an die

Macht kamen und wenn letztere, die ziemlich frisch gebacken waren und gerade frisch von den Barrikaden kamen, nicht mehr als acht Monate brauchten, um ihre Stärke und ihren Ruf zu verbrauchen und zu verschleißen und ihre Stellung zu räumen, dann werden die deutschen Zeretellis für diesen Zweck keine acht Monate, sondern acht Wochen brauchen. Deshalb, wenn Leute unsre Sowjetmacht fragen — und sie haben hier Grund, uns die Frage zu stellen — wie sie die Aussichten einschätzen, die sich für Deutschland eröffnen, und was sie über das Schicksal des Brester Friedens denkt, dann antwortet die Sowjetmacht, dass die deutsche Regierung selbst erklärt hat, dass sie in der gegenwärtigen Lage unfähig ist, sowohl international als auch innenpolitisch mit dem Zustand der Staatsangelegenheiten klarzukommen.

Welche Regierung wird von ihr übernehmen: eine Regierung des deutschen klerikalen Zentrums, der Konservativen, der Nationalliberalen oder der Versöhnler? Aber der rechte Flügel hat schon über das Schicksal Deutschlands geherrscht durch seine Könige und Bürokraten und durch die Junker und der linke Flügel der neuen, ihre Arbeit beginnenden Regierung hat schon alle vom rechten Flügel zurückgelassenen Dreckspuren weggewischt. Was wird diese deutsche Koalition herbeiführen, was neu ist? Sie wird den Massen die Augen öffnen. Folglich können wir in unserer internationalen Politik nicht ernsthaft mit einer Koalitionsregierung in Deutschland als einer Kraft rechnen, die das Schicksal des Landes über einen langen Zeitraum bestimmen wird.

Welche Kräfte bleiben? Was Deutschland betrifft ist die Idee einer Einheitsfront aller Demokraten noch kläglicher, sinnloser und hohler als im Fall von Russland — lasst mich es eine kranke Utopie nennen. Was ist die demokratische Bewegung in Deutschland? So eine Bewegung gibt es da kaum. Es gab ein paar klägliche Überbleibsel des Kleinbürgertums mit kläglichen Überbleibseln von politischem Einfluss. Der gnadenlose imperialistische Krieg hat schließlich das Kleinbürgertum ruiniert und getötet und von seiner früheren Bedeutung nicht einen Stein auf dem anderen gelassen. Es gibt jetzt nur zwei Lager: eines, das bewusste, feste Lager der Imperialisten, das andere, das Lager des Proletariats, mit dem die Geschichte ein kolossales, grausames Experiment vollzogen hat, das Proletariat, das durch schreckliche Prüfungen gegangen ist und jetzt direkt vor folgender Aufgabe steht: entweder die Verantwortung für das Schicksal des Landes zu übernehmen, die Macht in seine eigenen Hände zu nehmen oder zusammen mit dem ganzen Land und der ganzen Kultur Ruin zu erleiden. Dies hat die Geschichte der deutschen Arbeiterklasse gesagt. Und wir sind zwar zutiefst überzeugt, dass die Geschichte für uns und mit uns und daher auch mit der deutschen Arbeiterklasse arbeitet und wir ihre heilsame Arbeit nicht hindern werden; trotzdem verbergen wir vor niemandem, weder vor uns selbst noch vor der deutschen Arbeiterklasse, dass wir ihren anschwellenden Vormarsch zur Macht erwarten und begrüßen. Obendrein erkennen wir mit tiefer Befriedigung, dass die einzige Kraft in Deutschland, des es retten und seine künftige wirtschaftliche und kulturelle Entwicklung möglich machen kann, die deutsche Arbeiterklasse ist.

Die Machtübernahme durch diese Klasse würde gewaltige, radikale Änderungen in der Weltlage herbeiführen. Deutschland würde in einen mächtigen Anziehungspunkt für die Sympathien der Völker, der unterdrückten Massen der ganzen Welt und vor allem Frankreichs verwandelt werden. Und ohne die französischen Kader, ohne das französische Gebiet als Operationsfeld, werden die britischen und amerikanischen Armeen nicht in der Lage sein, Deutschland zu besiegen und zu zerstückeln. Die französische Arbeiterklasse, die mehr als jede andere gelitten hat, wartet mit ihrem revolutionären Herzen nur auf das erste Signal aus Deutschland, um sich gegen ihre Herren, Clemenceau und den Rest, zu erheben. Man muss kein Prophet und kein Phantast sein, um zu sagen: nachdem es klar sein wird, dass die deutsche Arbeiterklasse die Hand nach der Macht ausgestreckt hat, werden in den Straßen von Paris proletarische Barrikaden errichtet werden. Die Geschichte arbeitet mit uns und für uns und daher auch für die deutsche, für die französische und für die internationale Arbeiterklasse.

Wenn wir zurückschauen, müssen wir mit völliger Befriedigung sagen, dass es nicht vergeblich war, dass wir die Sowjetmacht bis zu diesem Augenblick durch große Schwierigkeiten hindurch gehalten haben, die manche als Demütigung betrachteten. Ich halte es für meine Pflicht, in dieser kompetenten Versammlung zu erklären, dass zu der Zeit, als viele von uns und auch ich zweifelten, ob es für uns notwendig oder zulässig sei, den Frieden von Brest-Litowsk zu unterzeichnen, ob das vielleicht eine hemmende Wirkung auf die Entwicklung der proletarischen Weltrevolution haben würde, es der Genosse Lenin allein war, der in Opposition gegen viele von hartnäckig und mit unvergleichlichem Scharfblick darauf beharrte, dass wir durch diese Erfahrung gehen müssen, um in der Lage zu sein, bis zum Kommen der proletarischen Weltrevolution durchzuhalten. Und jetzt müssen wir, die in Opposition zu ihm standen, vor dem Hintergrund der jüngsten Ereignisse anerkennen, dass nicht wir im Recht waren. (Langgezogener Beifall.) Was auch immer die unmittelbare Lage des Schicksals Europas und der Welt sein mag, unsere Lage ist jetzt unvergleichlich besser. Wir werden immer stärker und unsere Feinde bluten aus allen Wunden, sie sind schwach und die, die jetzt allmächtig scheinen, werden heute oder morgen den selben Fall wie Deutschland erleiden, aber mit noch größerem Tempo, denn wenn sich die Geschichte wiederholt, macht sie es immer in höherem Tempo. Und der Zusammenbruch von Frankreich, Amerika und Japan wird, wenn er kommt, noch katastrophaler als der von Österreich und Deutschland sein.

In dieser günstigen sich entwickelnden Lage werden wir natürlich keine vergeblichen abenteuerlichen Schritte machen, wie Deutschland im Bündnis mit Britannien und Frankreich den Krieg zu erklären, was den extremsten Vertretern des deutschen Militarismus helfen würde, die sich jetzt darauf vorbereiten, ein Blutbad zu veranstalten und dem deutschen Volk wie die Stallfliege im Herbst einen Stich zu versetzen. Nein, wir sind jetzt weit von politischen Abenteuern entfernt, weiter als je, denn die Geschichte ist mehr denn je auf unserer Seite.

Morgen wird der deutsche Militarismus noch schwächer sein und wir werden stärker sein, deshalb haben wir keinen Grund zur Eile, zur künstlichen Beschleunigung des Tempos der geschichtlichen Entwicklung, noch weniger werden wir das Hand in Hand mit Britannien machen, das die Zerstückelung und Zerstörung Deutschland ersehnt.

Als wir den Frieden von Brest-Litowsk abschlossen, wurde von uns die Übergabe der Ukraine verlangt. Das war wirklich einer der schwersten Momente, als wir einen Vertrag unterschreiben mussten, der die Ukraine der Herrschaft von Deutschland und Österreich-Ungarn übergab.

Heute kommen Nachrichten von einem gut informierten Genossen herein über den Stand der Stimmungen in der Ukraine. Ich werde manche der interessantesten Passagen zitieren: „Eine revolutionäre Lage nimmt hier zunehmend Gestalt an. Sogar vor den jüngsten Ereignissen in Bulgarien und Deutschland wurde, sobald es bekannt wurde, dass Deutschland seine Truppen aus der Ukraine abziehen würde, das Vertrauen allgemein, dass die Sowjetmacht hier triumphieren würde."

Weiter gibt es die Information, dass bekannte Vertreter der ehemaligen Rada sagen, dass natürlich keine andere Regierung als die Sowjetmacht in der Ukraine zu erwarten ist. Und dann kommen Nachrichten über eine ganze Reihe von Kundgebungen der revolutionären Bewegung in der Ukraine.

Aber zusätzlich zu dem schreibt ein Genosse, der äußerst gut informiert ist und gute Kontakte hat, über das, was in Bulgarien passiert. Er sagt uns, dass es schon seit langem im Untergrund Sowjets gibt, und dass zwei sozialistische Abgeordnete, Lukanski und Dmitriew, die zu fünf oder sechs Jahren Gefängnis verurteilt worden waren, an der Front gewählt wurden. Sie gehörten zur Partei, die den KommunistInnen in Russland entspricht. Das sind in Kürze die Neuigkeiten bezüglich der Lage in der Ukraine und Bulgarien.

Seinerzeit wurde uns bezüglich der Ukraine gesagt, dass wir sie verloren hätten. Ja, wir haben sie verloren, vorübergehend, aber nur um sie wiederzufinden, und diesmal stärker als vorher. Die ukrainischen ArbeiterInnen und BäuerInnen sind durch eine harte Schule gegangen und wenn sie jetzt den Sowjets anhängen, werden sie ihnen so stark anhängen, dass keine Macht sie davon abbringen kann. In der Panik von Brest wurde Sowjetrussland zerstückelt. Aber im Verlauf der Ereignisse hat es eine große revolutionäre Anziehungskraft erlangt. Wir zweifeln nicht, dass diese Anziehung eine große Aufgabe vollbringen wird. Wenn die deutsche Arbeiterklasse die Hand ausstreckt, um die Macht zu übernehmen, und wenn sie an die Macht kommt, wird sie auch eine sehr mächtige Anziehungskraft entwickeln und die kriminelle Hand des anglo-französischen Imperialismus wird gelähmt sein und keinen Widerstand leisten können.

Wenn das Proletariat von Deutschland versucht, die Macht zu übernehmen, wird die grundlegende Pflicht von Sowjetrussland sein, keine nationalen Grenzen im revolutionären Kampf anzuerkennen. Der revolutionäre Kampf des deutschen Volkes wird auch unser Kampf sein. Es ist allen klar, dass Sowjetrussland fühlt, dass es nur die Vorhut der deutschen und europäischen proletarischen Revolution ist. Aber die Möglichkeit ist nicht ausgeschlossen, dass für eine gewisse Periode, für ein paar Monate, ein revolutionäres Deutschland die Banden des Imperialismus zurückschlagen muss. Und in Vorwegnahme davon können wir mit Zuversicht sagen, dass das deutsche Proletariat, bewaffnet mit seiner ganzen Technik auf der einen Seite, und unser Russland, desorganisiert, aber sehr reich an natürlichen Reichtümern und mit 200 Millionen EinwohnerInnen auf der anderen, einen mächtigen Block bilden werden, an dem alle Wellen des Imperialismus vergeblich zerbrechen werden. Wir können keine Verbündeten im imperialistischen Lager haben. Das revolutionäre Lager der ProletarierInnen, die in den offenen Kampf gegen den Imperialismus vorrücken — dort sind unsere Verbündeten. Liebknecht braucht keinen Vertrag mit uns zu schließen; auch ohne das werden wir ihm mit all unserer Macht und all unseren Ressourcen helfen.

Wir werden alles für den gemeinsamen proletarischen Weltkampf geben. In seinem offenen Brief sagt Genosse Lenin klar und entschieden, dass wir versucht haben, eine millionenstarke Armee zur Verteidigung der Sowjetrepublik zu schaffen. Das ist ein enges Programm. Die Geschichte sagt uns: eure Aufgabe ist nicht bloß die der Schutz der Atempause, eure Aufgabe hat sich erweitert. Eine Krise reift schon in Deutschland und in ganz Mitteleuropa heran. Vielleicht wird morgen die Arbeiterklasse von Deutschland uns um Hilfe bitten und wir werden nicht eine millionenstarke Armee, sondern eine Armee von zwei Millionen schaffen, weil unsere Aufgabe sich verdoppelt oder verdreifacht haben wird. Und wird werden bereit sein, unsere Kräfte doppelt und dreifach anzuspannen. Diese Kräfte nehmen täglich zu. Das deutsche Proletariat leidet unter schlimmerem Hunger als wir. Möge es seine Hand nach der Macht ausstrecken, möge es die Macht übernehmen und uns auf dieser Grundlage helfen, unsere Eisenbahnen in Ordnung zu bringen und wir werden den Getreidereichtum der Provinz Samara und vom Don nehmen, wo ich unerschöpfliche Getreidevorräte gesehen habe, und werden sie geschwisterlich mit der deutschen Arbeiterklasse teilen, für den Triumph des gemeinsamen Kampfes. Das ist der Wille der Arbeiterklasse Russlands und der armen Bauernschaft, denn hier sind ihre kompetenten und einflussreichen VertreterInnen versammelt — alle der Besten der russischen Republik. Wir haben hier das Zentralexekutivkomitee, den Moskauer Sowjet, VertreterInnen der Gewerkschaften und der Fabrikkomitees. All dies stellt die Besten und den Willen Russlands dar. Wir werden ganz mit der Arbeiterklasse Deutschlands in ihrem Kampf sein. Wie bei den Kommunarden erstreckt sich unsere kommunistische Sicht auch zur deutschen Arbeiterklasse. Alles was uns gehört, gehört auch ihr. Unsere Truppen und unser Getreide sind ihre Truppen und ihr Getreide für die gemeinsame proletarische Revolution.

Natürlich werden wir morgen ein Bündnis mit dem neuen Deutschland, dem revolutionären Deutschland der Arbeit bilden. Und deshalb wird dieses Bündnis auf keine Weise gegen das Proletariat und die arbeitenden Menschen von Frankreich, Britannien, Amerika oder Japan gerichtet sein. Ihr versteht dies und, was noch wichtiger ist, zu unserem Glück verstehen das alle revolutionären ArbeiterInnen der Entente-Länder sehr gut. In dem Moment, und dieser Moment ist nahe, wo eine grundlegende Grenze, ein grundlegender Schützengraben um Europa gezogen werden wird, zwischen den Kräften der europäischen Revolution und denen des Militarismus, werden die französischen ArbeiterInnen, die britischen ArbeiterInnen, die Blüte des amerikanischen Proletariats und die japanischen ArbeiterInnen auf der selben Seite stehen, wo wir das Bündnis zwischen Sowjetrussland und dem proletarischen Deutschland bilden werden. Und dies ist der einzige Weg, das einzige Mittel, um diesem verfluchten Gemetzel ein Ende zu bereiten.

All unsere schwärzesten Prophezeiungen, unsere schrecklichsten Anklagen haben sich nicht nur als wahr erwiesen, sie wurden von der Wirklichkeit übertroffen. Die Imperialisten sagten: „Wir verkünden, dass wir die schwachen, armen, unterdrückten und kleinen Völker befreien werden." Schaut nur: alle kleinen Staaten und Völker liegen zerrissen und erdrückt da. Bulgarien nahm sich, was es konnte, von Serbien und Griechenland, die Türkei nahm sich, was sie konnte, von uns im Kaukasus. Bulgarien, das gestern in eine deutsche Provinz verwandelt worden war, wurde jetzt in eine britische Kolonie verwandelt. Die Türkei auch! Ich habe erst heute einen Bericht erhalten, dass die Türkei ihre Meerengen der britischen Flotte öffnet. Dies bedeutet, dass Istanbul eine Stadt wird, wo ein britischer Gouverneur seinen Sitz haben wird. Dies bedeutet, dass die Herrschaft Britanniens über die errichtet werden wird, die gestern Deutschlands Verbündete waren. Der gestrige Freund von Deutschland ist heute in einen kläglichen, machtlosen, gekreuzigten Vasallen von Britannien verwandelt. Für alle schwachen, alle unterdrückten Nationen und Völker, die kleinen Staaten, und vor allem die arbeitenden Massen dieser Länder und der mächtigen Staaten gleichermaßen, gibt es keinen Ausweg aus dem Gemetzel durch die Verschiebung der Truppen aus einem Lager in das andere. Wir sagten das zuerst voraus, als wir die Geheimverträge veröffentlichten, als wir den räuberischen Militarismus und Imperialismus entlarvten. Und wir können jetzt den ArbeiterInnen Deutschland sagen, dass wenn sie vor einem Jahr stark genug gewesen wären, ihre herrschende Klasse loszuwerden und auf der von der Arbeiterklasse verkündeten Grundlage Frieden zu schließen, dann die ArbeiterInnen Frankreichs, Britanniens und Japans deshalb reicher und glücklicher wären. Wir hätten einen kolossalen Schritt vorwärts auf dem Weg des Fortschritts und der Menschheit gemacht. Während diesem Jahr wurden weitere Millionen Leben und weitere Milliarden Reichtümer ein Raub der Flammen. Aber die Lehre war nicht vergeblich. Wir sind noch, wo wir waren, und andere sind uns näher gekommen. Unsere Feinde sind schwächer geworden und wir sagen daher: das Banner der Sowjetmacht wurde höher erhoben und wir müssen mit all unserer Entschlossenheit kämpfen, wir sind stärker geworden, wir haben mehr FreundInnen, wir machen Fortschritte und die ArbeiterInnen Deutschland, Britanniens, Frankreichs und aller anderen Länder kommen, um uns zu begegnen. Unser Banner wird über Europa erhoben — das Banner der internationalen Republik der Arbeit.

Auf der Wacht der Weltrevolution

18. November 1918

Bericht auf der gemeinsamen Sitzung der Woronescher Sowjets der ArbeiterInnen-, BäuerInnen und Rotarmisten-Deputierten, 18. November 1918, Auszug, How the Revolution armed. The Military Writings and Speeches of Leon Trotsky, Band 1: 1918, New York 1979, S. 515-545, hier S. 515-524

(...) Wir leben in einer Epoche, die vor allem eine Epoche der internationalen Politik ist. In „friedlichen", „ruhigen" Zeiten scheinen Fragen der internationalen Politik den einfachen Menschen weit entfernte Probleme zu sein, die keine praktische Bedeutung für ihr persönliches Leben haben. Aber vor ein paar Jahren traten wir in eine Epoche ein, in der durch die Ereignisse in dieser Epoche das Schicksal aller BürgerInnen, ob sie es mögen oder nicht, mit dem Schicksal nicht nur ihrer Klasse und ihres Landes, sondern auch mit internationalen Schicksalen insgesamt verbunden ist. Das ist der Verdienst oder, wenn an so will, der Fluch des Kapitalismus. Der Kapitalismus hat die Völker in einem einzigen mächtigen Organismus verbunden und gleichzeitig die herrschenden Klassen dieser Völker einander entgegengestellt. Man kann sagen, dass durch internationalen Austausch, durch den Weltmarkt der Kapitalismus die Völker mit Gewalt mit einer Sträflingskette an einander gebunden hat und die Völker, die versuchen im Rahmen dieser Sklaverei der kapitalistischen Weltwirtschaft zu leben, diese Kette zerreißen und dadurch ihre eigenen Körper in Stücke reißen müssen. Dies ist die Bedeutung des gegenwärtigen imperialistischen Krieges. Er erwuchs aus den Widersprüchen zwischen dem weltweiten Charakter der Produktion und dem nationalen Charakter der Aneignung, der kapitalistischen Miss-Aneignung. Die Bourgeoisie kann mit diesem Widerspruch nicht fertig werden. Zuerst gab es Hoffnung auf Seiten der Bourgeoisie des einen oder anderen Lagers, dass durch einen dauerhaften militärischen Sieg alle Probleme gelöst würden. Ich erinnere mich an die erste Periode des Krieges, die ich in Westeuropa verbrachte — die ersten Tage in Österreich-Ungarn, dann in der Schweiz, dann fast zwei Jahre in Frankreich, wo ich durch das neutrale Spanien nach Amerika ausgewiesen wurde, genau zu der Zeit, als dieses Land in den Krieg trat. Folglich gab mir das Schicksal die Möglichkeit, während der ersten zweieinhalb Jahre des Krieges zu beobachten, wie er sich im Bewusstsein und in der Politik der bürgerlichen Klassen und der Arbeitermassen einer Reihe von Ländern widerspiegelte. In Zürich sprach ich etwa im zweiten Monat des Krieges mit einem der prominentesten Versöhnler, Molkenbuhr. Als ich ihn fragte, wie seine Partei den Verlauf sah, den der Krieg nehmen werde, antwortete er, indem er die Meinung der Bourgeoisie wiedergab: „Während der nächsten zwei Monate werden wir mit Frankreich Schluss machen und dann werden wir uns dem Osten zuwenden, uns mit den Kräften eures Zaren befassen und innerhalb von drei, höchstens vier Monaten Europa einen stabilen Frieden geben." Solche Illusionen hatte dieser Sozialpatriot.

Seitdem sind mehr als vier Jahre vergangen. Deutschland hat jetzt Dreck gefressen. Nur die sich entwickelnde Arbeiterrevolution verspricht, es aus seiner beängstigenden, blutigen Sackgasse zu retten, in die es durch die Politik seiner Bourgeoisie getrieben wurde, die seinerzeit von der Partei von Molkenbuhr verteidigt wurde.

Es war das selbe in Frankreich. Dort versprachen die bürgerlichen Abgeordneten und die Sozialpatrioten Tag für Tag, Woche für Woche, dann Monat für Monat und schließlich Jahr für Jahr Sieg. Natürlich kann man jetzt behaupten, dass der versprochene Sieg jetzt erreicht sei. Frankreich hat jetzt mit seinen Verbündeten Deutschland den Stiefel in den Nacken gesetzt, aber trotzdem denken in Frankreich weniger als irgendwo sonst Politiker, die ihre Sinne beieinander haben, dass der militärische Sieg auch nur eines der Probleme lösen werde, die den gegenwärtigen Krieg herbeiführten. Kein anderer als Jules Guesde, einer der früheren Führer der früheren Zweiten Internationale sagte oft in den Tagen seiner revolutionären Blüte, dass der Krieg die Mutter der Revolution sei und wir sind jetzt in eine Epoche eingetreten, in der — in der Tat zu langsam für unsere legitime revolutionäre Ungeduld, aber trotzdem sicher — die Revolution, die Tochter des Krieges vorrückt und dem Krieg auf dem Fuße folgt, wie man früher sagte, mit eisernen Sandalen.

Wir, die russische Arbeiterklasse, eine Klasse im elendsten Land, haben als erste mit der Revolution begonnen. Wir waren die ersten, aber wir werden nicht die letzten sein. Wir gingen das Risiko ein, allein gelassen zu werden. Aber gab es einen anderen Weg für uns? Ihr wisst, welchen Spott und Hohn unsere Prophezeiung über die Unausweichlichkeit revolutionärer Entwicklungen auf der ganzen Welt und besonders in Deutschland auslöste. Aber die Tatsachen liegen uns vor: letztlich waren wir es, die Recht hatten, die sich auf die gesunde materialistische Methode stützten, die in allen Wissenschaften angewandt wird — die Methode der strengen, kalten, sorgfältigen Untersuchung der gesammelten Fakten, um dadurch zu gesicherten Schlussfolgerungen, einer genauen Prognose für die Zukunft zu kommen. Und nur diese kalte wissenschaftliche Methode, die keineswegs im Widerspruch zum glühendsten revolutionären Temperament steht, nur der Marxismus befähigt uns, nicht unseren Kopf zu verlieren, sondern uns in der Weltlage zu orientieren und die Unausweichlichkeit der proletarischen Revolution als Ergebnis des gegenwärtigen Krieges vorauszusagen. Natürlich erwarteten viele von uns, dass dies schneller geschehen werde. Wir dachten, dass die deutsche Arbeiterklasse sich nicht so lange von den Versöhnlern an der Nase herumführen lassen werde. Wir schauen heute immer noch mit Hass auf das Frankreich der Börse und neigen manchmal dazu, ungeduldig mit dem Fuß zu stampfen, weil die französische Arbeiterklasse mit ihren reichen revolutionären Traditionen sich so lange der Herrschaft von Poincaré und Clemenceau unterwirft. Trotzdem gehen im großen und ganzen die Ereignisse voran, wie es die Marxistinnen vorhergesehen haben. Jene Merkmale des Kapitalismus und der Arbeiterklasse in bestimmten Ländern, die uns vorher schon bekannt waren, haben sich entwickelt und hatten ihre Wirkung auf den Charakter und das Tempo der Ereignisse.

Wir wissen, dass die deutsche Arbeiterklasse, der eine revolutionäre Vergangenheit fehlte, außergewöhnliche Ereignisse, außergewöhnliche Schocks brauchte, wenn sie aus dem Geleise des Legalismus gestoßen werden sollte, in das die Geschichte sie so lange verbannt hatte. Diese Schocks kamen und wir können die Ergebnisse sehen.

Ihr wisst, dass der ganze letzte Krieg nichts als ein gigantisches Duell zwischen Deutschland und Britannien war. Britannien ist ein altes imperialistisches, Kolonien besitzendes Land und eine alteingesessene Räuberfirma, die mit ihrer Marine an jeder Kreuzung der Seewege steht und den anderen weltweiten Banditen nicht erlauben will, ihr Konkurrenz zu machen. Aus genau diesem Grund sah es mit beispielloser Raserei und Hass zu, als ein äußerst gefährlicher Konkurrent zu Lande und zu Wasser in Gestalt des industriellen Deutschlands zu entstehen begann. Die charakteristischen Merkmale der britischen Arbeiterklasse als Folge der Geschichte des britischen Kapitalismus sind ein Merkmal, auf das ich gerade hingewiesen habe — ein Gefühl, privilegiert zu sein, eine gewisse aristokratische Einstellung. In der zweiten Hälfte des letzten Jahrhunderts verband sich die britische Arbeiterklasse mit den weltweiten Privilegien der britischen Industrie, die die vorherrschende Stellung auf dem Weltmarkt hatte. Seit der Zeit, als diese Stellung errichtet wurde, das heißt seit den fünfziger und sechziger Jahren des 19. Jahrhunderts, hat die britische Arbeiterklasse keine revolutionären Schocks erlebt. Die deutsche Arbeiterklasse blieb aus anderen Gründen ohne sie. Deutschland kam später an der Tür zur kapitalistischen Entwicklung an. Es entwickelte sich mit kolossaler Geschwindigkeit. Die deutsche Industrie einschließlich der Kriegsindustrie, nahm sehr schnell Gestalt an, und zusammen mit ihr erschien die deutsche Arbeiterklasse, die ihre Gewerkschaften und ihre politische Partei bildete und alle ihre Energien auf dieses Ziel richtete. Während die Bourgeoisie reich wurde, war immer noch eine Kaste von Adligen in Deutschland an der Macht, die eng verbunden und gut geschult war und anders als unser Adel nicht aus Faulenzern, Dieben und Unterschlagern bestand, sondern aus äußerst fähigen Militärführern und Ministern, die wussten, wie man über die

Massen herrscht. Schulung im Regieren und seine Traditionen waren im Adel konzentriert, der durch die deutschen Einigungskrise die Entwicklungsbedingungen für die Bourgeoisie geschaffen hatte. Deshalb entschied die deutsche Bourgeoisie, die sich im Verlauf von ein paar Jahrzehnten zu einer gigantischen Macht entwickelte, die Staatsangelegenheiten und besonders die Militärangelegenheiten in der Hand des Adels zu lassen. Sie sagte sich: „Der Adel hat eine starke Faust, er hat Regierungstraditionen, er wird wissen, wie man das Proletariat im Zaum hält." Der Adel schuf die riesige deutsche Armee. Dafür gab es die mächtige bürgerliche Industrie, die die ArbeiterInnen ausbeutete. Und zu dieser Armee, die auf der Kriegsindustrie beruhte, steuerte der Adel eine starke Offizierskaste mit kriegerischen Traditionen, mit eiserner Disziplin und der Mentalität von feudalen Rittern bei. Aus einer mächtigen Industrie und einer disziplinierten Klasse ohne revolutionäre Traditionen, aus dieser Verbindung wurde die erschreckende Maschine für den Massenmord erzeugt, die die deutsche Armee genannt wurde. Diese Armee behauptete sich gegen Britannien, gegen Frankreich, gegen Russland, dann gegen die amerikanische Armee. Mehr als vier Jahre lang hielt die deutsche Armee diesem gewaltigen Druck stand.

Wenn wir den imperialistischen Charakter des Krieges nicht betrachten und ihn nur als militärischen Kampf zwischen wirtschaftlichen Organismen betrachten, müssen wir vor allem erstaunt sein über die kolossale Macht der Kräfte, die der Kapitalismus geschaffen und losgelassen hat. Und der Kapitalismus fand seinen vollständigsten und schlagendsten Ausdruck in der deutschen Armee. Aber wir müssen sehen, dass der deutsche Militarismus sich als unfähig erwies, die Anstrengung durchzuhalten — nicht, weil gegen ihn der Druck der riesigen und mächtigen Armeen von Britannien und Frankreich und in den letzten Monaten der Vereinigten Staaten mit ihren frischen und mächtigen Ressourcen ins Feld geführt wurde, sondern weil er dem inneren ideologischen Druck nicht standhalten konnte, dessen Prophet die russische Arbeiterklasse war.

Und es war kein Zufall, sondern eher der bewusste Wille der Geschichte, dass zum Jahrestag unserer Oktoberrevolution über Berlin die rote Fahne des Berliner Rats der ArbeiterInnen- und Soldatendeputierten wehte. Wir können uns von der Geschichte keine größere Befriedigung wünschen oder erbitten.

Anscheinend geht die deutsche Revolution mit größerer Geschwindigkeit als unsere eigene vorwärts. Auf der anderen Seite wäre es aber ein Fehler, zu erwarten, dass die deutsche Arbeiterklasse auf einen Schlag den Sprung von ihrem alten Legalismus zu dem Regime machen kann, auf das wir warten, das Regime der kommunistischen Diktatur.

Kein Volk und keine Klasse hat je wirklich aus Büchern oder Zeitungen oder der Erfahrung andrer Länder gelernt.

Es stimmt, dass wir etwas von den Deutschen lernten. Seinerzeit sagten wir, dass wir viel von ihnen gelernt hatten. Dies war so. Aber dieses „viel" taugte für eine friedliche Epoche und es erwies sich als sehr wenig, wenn es an den großen Ereignissen gemessen wurde. Wenn die russische Arbeiterklasse wirklich etwas gelernt hat, hat sie es in der Schule ihrer eigenen direkten Erfahrung im harten Kampf gelernt, Auge in Auge mit ihren eigenen Feinden. Als Ergebnis davon hat sie eine Partei nach der anderen gestürzt und der Bourgeoisie die Macht abgerungen, ihren eigenen Staat mit ihrem eigenen Blut gegründet und zeigt jetzt ihren Feinden, dass sie, nachdem sie die Macht genommen hat, sie niemandem aushändigen wird. (Beifall.) Dort und nur dort, im fortgesetzten, langgezogenen harten Kampf wird der Wille zur Macht und die Fähigkeit, die Macht zu erobern und zu halten geschult. Die Arbeiterklasse hat nie und nirgends aus Büchern oder auf Akademien oder aus Zeitungen gelernt, was ihre Hauptaufgaben sind und mit welchen Methoden sie zu erfüllen sind.

Dies gilt auch für die deutschen ArbeiterInnen. Sie haben revolutionäre ArbeiterInnen- und Soldatenräte gebildet. Aber es kann keinen Zweifel geben, dass diese Räte eine gewisse Zeit lang — hoffen wir, eine kurze Zeit — von einer Seite zur anderen schwanken, hinken und humpeln werden. An ihrer Spitze stehen immer noch die Versöhnler, genau die Leute, die gegenüber dem deutschen Volk einen ungeheuren Anteil an der Schuld für das Unglück und die Demütigungen tragen, in die Deutschland gefallen ist. Denn es kann keinen Zweifel geben, dass, wenn die deutsche Sozialdemokratie im Juli 1914 in sich die Entschlossenheit, den Mut und das klare Bewusstsein gefunden hätte, die Arbeiterklasse Deutschlands auch nur zuerst zum passiven Widerstand aufzurufen, um von da aus später zur offenen Revolte überzugehen, dann hätte der Krieg sehr verkürzt werden können und hätte vielleicht gar nie angefangen. Deshalb lag, wie wir damals sagten, die Hauptverantwortung bei der stärksten Partei — den deutschen Sozialdemokraten. Und doch hat die deutsche Arbeiterklasse trotzdem, nachdem sie aus dem Teufelskreis des Krieges ausgebrochen ist, den alten Parteistrukturen aus den Führern der alten Sozialdemokratischen Partei den Platz an ihrer Spitze gegeben. Wir brauchten acht Monate, um das Regime von Kerenski und Zeretelli und dem Rest der Versöhnler hinter uns zu bringen. Unsere Kerenski und Zeretelli waren für die Arbeiterklasse Unbekannte, Fremde, denen man als Vertreter einer gewissen Partei vertraute, die scheinbar an der Spitze der Arbeitermassen marschierte, und wir brauchten acht Monate, um diesen falschen Ruf zu entlarven und zu zerstören.

In Deutschland sind David, Ebert und Scheidemann keine Fremden. Während dem ganzen Krieg arbeiteten sie Hand in Hand mit der deutschen Regierung und mit der deutschen Bourgeoisie als ihre Helfer und Diener. Aber die Kraft der organisatorischen Trägheit, des organisatorischen Automatismus ist so groß, dass es für die deutsche Arbeiterklasse hart war, sich von der alten Parteimaschine zur gleichen Zeit zu befreien, in der sie sich von der alten Staatsmaschine befreite. Die alte Partei war unter alten Bedingungen für alte friedliche Aufgaben gebildet worden. Sie hatte einen riesigen organisatorischen Apparat geschafften. Je weiter sie von den Massen weg waren, desto mehr versteinert, stagnierend und abgebrüht waren die Vertreter dieses mächtigen Partei- und Gewerkschaftsapparats.

Ich hatte Gelegenheit, eine ziemlich lange Zeit in Deutschland zu verbringen und konnte mir diese Führer aus vergleichsweise großer Nähe ansehen; und jetzt sehe ich im Lichte der jüngsten gigantischen Ereignisse klar, wie und warum diese Männer in ihren Herzen keinen einzigen Funken revolutionärer proletarischer Begeisterung, keinen Schatten von Verständnis dafür hatten, was proletarische Revolution bedeutet, sondern statt dessen voll tiefer, knechtischer Bewunderung für die Weisheit geplanter und friedlicher Aufbauarbeit durch den parlamentarischen Staat waren. Die Arbeiterklasse brachte nach der

Zerschlagung der alten Staatsmaschine ihre alte Partei nach vorn und Scheidemann und Ebert wurden Minister des revolutionären Deutschlands — obwohl sie mehr als jemand sonst getan hatten, die deutsche Revolution zu verhindern Sie wurden gegen ihren Willen zu „Revolutionären" gemacht. Noch vor sechs Wochen sagten sie, dass es in Deutschland keine Revolution geben werde, dass die russischen Bolschewiki falsch lägen; sie spuckten offen auf unsere Hoffnungen und obendrein schrieb das führende Organ der deutschen Sozialdemokratie, „Vorwärts", vor nicht langer Zeit, dass die Bolschewiki die russischen ArbeiterInnen bewusst täuschen und mit falschen Versprechungen füttern würden, wenn sie bekräftigten, dass es eine Revolution in Deutschland geben werde.

Das sagten die deutschen „Führer", von denen man hätte meinen sollen, dass sie besser über die Bedingungen in Deutschland informiert wären.

Sie beschuldigten uns, die russischen ArbeiterInnen zu täuschen, indem wir prophezeiten, dass unausweichlich eine Revolution in Deutschland stattfinden werde. Und jetzt zeigt es sich, dass sie, die kläglichen Faultiere und Pedanten, es selbst waren, die sich täuschten. Wir haben die Wahrheit gesagt. Und diese Wahrheit steht jetzt vor der ganzen Welt offen da: in Deutschland ist Revolution. (Beifall.)

Wie ich am Anfang sagte, hängt das Leben jedes Landes, jeder Klasse und sogar jedes Individuums jetzt in erschreckendem Grade von der internationalen Lage ab. Die internationale Lage in Deutschland ist äußerst hart.

Der Frieden, von dem es sich gezeigt hat, dass die deutsche Regierung ihn unterschreiben muss, ist in jeder Hinsicht härter und gnadenloser als der Friede, den wir in Brest unterzeichnen mussten.

Unsere Kerenski und Zeretelli beschuldigten die Bolschewiki, ein Verbrechen zu begehen, indem sie einen schrecklichen Friedensvertrag unterschrieben. Aber in Deutschland haben sich die Kerenski und Zeretelli jenes Landes, nämlich Scheidemann und Ebert, gezwungen gesehen, einen Friedensvertrag zu unterschreiben, der viel schrecklicher ist. So ist das Unterscheiben eines Friedensvertrages nicht nur eine Sache von gutem Willen. Man unterschreibt einen schrecklichen Friedensvertrag, wenn es keinen anderen Ausweg gibt. Wenn ein feindlicher Imperialismus dich an der Kehle hat und du keine Waffe in der Hand hast, dann unterschreibst du einen schrecklichen Friedensvertrag. So haben wir gezwungenermaßen gehandelt. Und es kann keinen Zweifel geben, dass, wenn Kerenski und Zeretelli damals an der Macht gewesen wären, sie in Brest unterschrieben hätten und einen Friedensvertrag unterschrieben hätten, der zehnmal schlimmer war. Der beste Beweis dafür ist, dass sie und ihresgleichen Georgien, Armenien und Polen ganz der Tyrannei und Ausplünderung durch den deutschen Imperialismus aushändigten, so wie sie morgen Transkaukasien an den anglo-französischen Imperialismus aushändigen werden. Verhandlungen zu diesem Ziel finden jetzt schon statt...

Deutschlands Lage ist äußerst schwer. Was das Land retten kann ist das, was uns gerettet hat, nämlich eine Revolution im feindlichen Staat — in diesem Fall in Frankreich und Britannien, mit der Entwicklung, der Ausdehnung der proletarischen Revolution im internationalen Maßstab. Aber damit das früher und sicherer passiert, ist es notwendig, dass in Deutschland selbst die Revolution auf ihrem natürlichen Weg weiter vorrückt, ist es notwendig, dass an Stelle der feigen Versöhnler, die versuchen, der deutschen Revolution die Flügel zu stutzen, sie im bürgerlichen Rahmen zu halten und sie der agitatorischen Macht zu berauben, die sie haben muss — es ist kurz gesagt notwendig, dass an Stelle der Scheidemanns und Eberts eine Revolutionsregierung an die Macht kommt, an deren Spitze Liebknecht steht. Aber hier macht sich er Unterschied zwischen dem deutschen und unsrem eigenen Schicksal spürbar. Wir lebten lange Zeit unter den Bedingungen des Zarismus. Wir entwickelten revolutionäre Untergrundpraktiken und Traditionen, zuerst unter den Narodniki und den Mitgliedern der Narodnaja Wolja und später unter den Sozialdemokraten. Diese illegale, heimliche revolutionäre Arbeit, die zuerst von den Intellektuellen im Untergrund zu den fortgeschrittenen ArbeiterInnen überging, fand ihren legitimen und lebendigen Ausdruck in der Kommunistischen Partei.

In dem Augenblick, als sich die russische Arbeiterklasse unter den beängstigenden Schlägen der Geschichte erhob, brauchte diese Klasse nicht bei Null anzufangen. Sie hatte an ihrer Spitze eine zentralisierte Partei die durch die engsten Bande der historischen Lehre und inneren revolutionären Solidarität vereinigt war, die mit ihr alle Hindernisse auf dem Weg passierte und jetzt an der Macht ist — unsere Kommunistische Partei.

In Deutschland gibt es keine solche Partei, weil dort die Energie der Arbeiterklasse jahrzehntelang in die Kanäle des Legalismus, des Parlamentarismus strömte. Und als die Arbeiterklasse in Deutschland durch den Willen der Ereignisse auf die revolutionäre Bühne geschleudert wurde, fand sie da keine organisierte revolutionäre Partei. Heute gibt es keine solche Partei in Deutschland. Wohl oder übel nutzt die Arbeiterklasse die Organisation, die von Scheidemann vertreten wird. Aber es kann keinen Zweifel geben, das der Mangel an Übereinstimmung zwischen dieser Organisation, ihren Praktiken und ihrer Mentalität und den Notwenigkeiten der revolutionären proletarischen Entwicklung sich mit jedem Tag immer klarer enthüllen wird. Die deutsche Arbeiterklasse steht vor einer doppelten Aufgabe: ihre Revolution durchzuführen und in diesem Prozess das Werkzeug ihrer Revolution zu schaffen, das heißt, eine wirklich revolutionäre Partei aufzubauen. Wir haben keine Zweifel, dass sie mit dieser doppelten Aufgabe fertig werden wird (...)

Eine kriechende Revolution

April 1919

Polsutschaja revoljuzija, pjat let kominterna, S. 25-28, First five years of the Communist International, Band 1, S. 44-47

Die deutsche Revolution hat klar Züge, die der russischen ähneln. Aber nicht weniger lehrreich sind ihre unähnlichen Züge. Anfang Oktober fand eine „Februar"revolution in Deutschland statt. Zwei Monate später ging das deutsche Proletariat schon durch seine „Julitage", das heißt, es fand sein erster offener Zusammenstoß mit den bürgerlich-versöhnlerischen imperialistischen Kräften auf neuer „republikanischer" Grundlage statt. Die Julitage waren in Deutschland wie in unserem Land weder ein organisierter Aufstand noch eine spontan entstandene entscheidende Schlacht. Dies war die erste stürmische Demonstration, eine reine Demonstration des Klassenkampfes, die auf dem durch die Revolution eroberten Boden stattfand, und diese Demonstration wurde von Zusammenstößen zwischen den Vorhutabteilungen begleitet. In unserem Land diente die Erfahrung der Julitage dem Proletariat bei der weiteren Konzentration der Kräfte und der Vorbereitung auf den entscheidenden Kampf. In Deutschland folgte nach der Zerschlagung der ersten offenen Demonstration der Spartakisten und der Ermordung ihrer FührerInnen keine Atempause, praktisch kein einziger Tag. Eine Folge von Streiks, Aufständen, offenen Kämpfen fand an verschiedenen Orten im ganzen Land statt. Kaum hatte es die Scheidemann-Regierung geschafft, die Ordnung in den Vororten von Berlin wieder herzustellen, als die von den Hohenzollern geerbte tapfere Garde nach Stuttgart oder Nürnberg, Essen, Dresden, München eilen musste, die nacheinander Schauplätze von blutigem Bürgerkrieg wurden. Jeder neue Sieg für Scheidemann ist nur der Ausgangspunkt für einen neuen Aufstand der Berliner ArbeiterInnen. Die Revolution des deutschen Proletariats hat einen langgezogen und kriechenden Charakter bekommen und kann auf den ersten Blick Ängste erzeugen, dass die herrschenden Schurken es schaffen können, sie durch eine Reihe zahlloser Scharmützel Stück für Stück auszubluten. Gleichzeitig scheint automatisch die folgende Frage aufzukommen: Haben die FührerInnen der Bewegung vielleicht schwere taktische Fehler begangen, die die ganze Bewegung mit Zerstörung bedrohen?

Um die deutsche proletarische Revolution zu verstehen, darf man sie nicht einfach in der Analogie zur russischen Oktoberrevolution sehen, sondern muss die inneren Bedingungen von Deutschlands eigener Entwicklung als Ausgangspunkt nehmen.

Die Geschichte ist so verlaufen, dass sich in der Epoche des imperialistischen Krieges die deutsche Sozialdemokratie — und das kann jetzt mit völliger Objektivität gesagt werden — als der konterrevolutionärste Faktor in der Weltgeschichte erwiesen hat. Die deutsche Sozialdemokratie ist jedoch kein Zufall; sie ist nicht vom Himmel gefallen, sondern durch die Anstrengungen der deutschen Arbeiterklasse im Verlauf von Jahrzehnten von ununterbrochenem Aufbau und Anpassung an die unter dem Kapitalisten- und Junkerstaat herrschenden Bedingungen geschaffen worden. Die Parteiorganisation und die mit ihr verbundenen Gewerkschaften zogen aus dem proletarischen Milieu die herausragendsten, energischsten Elemente, die dann psychologisch und politisch umgekrempelt wurden. In dem Augenblick, in dem der Krieg ausbrach, folglich der Moment des größten geschichtlichen Tests kam, zeigte es sich, dass die offizielle Arbeiterorganisation nicht als die proletarische Kampforganisation gegen den bürgerlichen Staat, sondern als ein Hilfsorgan des bürgerlichen Staats handelte und reagierte, das zur Disziplinierung des Proletariats diente. Die Arbeiterklasse war gelähmt, weil auf sie nicht nur das volle Gewicht des kapitalistischen Militarismus drückte, sondern auch der Apparat ihrer eigenen Partei. Die Härten des Krieges, seine Siege, seine Niederlagen brachen die Lähmung der deutschen Arbeiterklasse, befreiten sie von der Disziplin der offiziellen Partei. Letztere zersplitterte. Aber das deutsche Proletariat blieb ohne revolutionäre Kampforganisation. Die Geschichte zeigte der Welt erneut einen der dialektischen Widersprüche: gerade, weil die deutsche Arbeiterklasse in der vorangegangenen Epoche den Großteil ihrer Energie auf Organisationsaufbau als Selbstzweck verwendet hatte und mit dem Partei- und auch dem Gewerkschaftsapparat den ersten Platz in der Zweiten Internationale einnahm — gerade deswegen erwies sich in einer neuen Epoche, im Augenblick des Übergangs zum offenen revolutionären Kampf um die Macht die deutsche Arbeiterklasse organisatorisch äußerst wehrlos.

Die russische Arbeiterklasse, die die Oktoberrevolution vollbrachte, bekam von der vorherigen Epoche ein unbezahlbares Erbe in Gestalt einer zentralisierten revolutionären Partei. Die Wanderungen der Volkstümlerintellektuellen unter der Bauernschaft; der terroristische Kampf der Narodnaja Wolja; die Untergrundagitation der marxistischen PionierInnen; die revolutionären Demonstrationen während der frühen Jahre dieses Jahrhunderts; der Oktobergeneralstreik und die Barrikaden von 1905; der revolutionäre „Parlamentarismus" der Stolypin-Epoche, der ganz eng mit der Untergrundbewegung verbunden war — all dies schuf einen großen Personenstab an revolutionären FührerInnen, die im Kampf gehärtet und die durch Einheit des sozialrevolutionären Programms verbunden waren.

Die Geschichte gab der deutschen Arbeiterklasse nichts derart. Sie ist gezwungen, nicht nur um die Macht zu kämpfen, sondern mitten im Verlauf des Kampfes ihre Organisation zu schaffen und künftige FührerInnen zu schulen. Es stimmt, dass unter den Bedingungen der revolutionären Epoche diese Schulungsarbeit in fieberhaftem Tempo abläuft, aber trotzdem braucht ihre Vollendung Zeit. Beim Fehlen einer zentralisierten revolutionären Partei mit einer Kampfführung, deren Autorität von den Arbeitermassen allgemein anerkannt wird; beim Fehlen eines führenden Kampfkerns und von Führern, die in den verschiedenen Zentren und Regionen der proletarischen Bewegung in der Aktion erprobt und durch die Erfahrung getestet sind, bekam diese Bewegung, nachdem sie auf den Straßen ausbrach, notwendig einen schubweisen, chaotischen, kriechenden Charakter. Diese ausbrechenden Streiks, Aufstände und Kämpfe stellen gegenwärtig die einzige verfügbare Form dar, um die Kräfte des deutschen Proletariats frei vom Joch der alten Partei offen zu mobilisieren; und gleichzeitig stellen sie unter den gegebenen Bedingungen das einzige Mittel dar, um die neuen FührerInnen zu schulen und die neue Partei aufzubauen. Es ist ziemlich offensichtlich, dass so ein

Weg ungeheure Anstrengungen erfordert und zahllose Opfer fordert. Aber es gibt keine Wahl. Es ist der einzige Weg, auf dem sich der Klassenaufstand des deutschen Proletariats bis zum endgültigen Sieg entfalten kann.

Nach dem Blutsonntag am 9. Januar 1905, als die ArbeiterInnen von Petrograd und nach ihnen die ArbeiterInnen im ganzen Land nach und nach die Notwendigkeit des Kampfes verstanden und gleichzeitig fühlten, wie verstreut ihre Kräfte waren, begannen sie im Land eine mächtige, aber äußerst chaotische Streikbewegung. Es gab damals Klugschwätzer, die Tränen vergossen, dass die russische Arbeiterklasse so viel Energie verausgabte, und ihre Erschöpfung und die Niederlage der Revolution deswegen vorhersagten. In Wirklichkeit waren aber die spontanen, kriechenden Streiks in den Frühlings- und Sommermonaten 1905 die einzige mögliche Form der revolutionären Mobilisierung und der organisatorischen Schulung. Diese Streiks bereiteten den Boden für den großen Oktoberstreik und den Aufbau der ersten Sowjets.

Es gibt eine gewisse Analogie zwischen dem, was jetzt in Deutschland stattfindet, und der Periode der ersten russischen Revolution, die ich gerade angesprochen habe. Aber die deutsche revolutionäre Bewegung entwickelt sich natürlich auf unvergleichlich höheren und mächtigeren Grundlagen. Die alte offizielle Partei hat zwar einen völligen Bankrott erlitten und sich in ein Werkzeug der Reaktion verwandelt, aber das bedeutet nicht, dass die von ihr in der vorangegangenen Periode geleistete Arbeit spurlos verschwunden wäre. Das politische und kulturelle Niveau der deutschen ArbeiterInnen, ihre organisatorischen Fertigkeiten und Fähigkeiten sind sehr groß. Zehn- und Hunderttausende ArbeiterführerInnen, die in der vergangenen Epoche von den politischen und Gewerkschaftsorganisationen aufgesogen worden sind und scheinbar von ihnen verdaut wurden, haben in Wirklichkeit nur bis zu einem gewissen Punkt die Gewalt ertragen, die ihrem revolutionären Gewissen angetan wurde. Heute wachen im Verlauf der offenen Teilkämpfe durch die Härten dieser revolutionären Mobilisierung, in der harten Erfahrung dieser kriechenden Revolution Zehntausende vorübergehend blind gemachte, getäuschte und eingeschüchterte ArbeiterführerInnen auf und wachsen zu ihrer vollen Größe heran. Die Arbeiterklasse sucht sie aus, so wie sie selbst ihre Plätze im neuen Kampf des Proletariats finden. Wenn die geschichtliche Bestimmung der Unabhängigen Sozialdemokratischen Partei von Kautsky und Haase ist, Schwankung in die Reihen der Regierungspartei zu tragen und den erschreckten, verzweifelten und angewiderten Elementen Zuflucht zu gewähren, dann wird auf der anderen Seite die stürmische Bewegung, in der unsere spaktakistischen Waffenbrüder so eine heroische Rolle spielen als eine ihrer Wirkungen dazu führen, dass die unabhängige Partei ständig von links zerstört wird und ihre besten und opferbereitetesten Elemente in die kommunistische Bewegung gezogen werden.

Die Schwierigkeiten, die teilweisen Niederlagen und die großen Opfer des deutschen Proletariats sollten uns keinen Augenblick entmutigen. Die Geschichte lässt das Proletariat nicht zwischen verschiedenen Wegen wählen. Die hartnäckige, unermüdlich ausbrechende und wieder ausbrechende kriechende Revolution nähert sich klar dem kritischen Augenblick, in dem die Revolution, nachdem sie im Voraus alle ihre Kräfte für den Kampf mobilisiert und geschult hat, dem Klassenfeind den endgültigen Todesstoß versetzen wird.

Eine Schule der revolutionären Strategie

Juli 1921

Rede auf der Mitgliederversammlung der Moskauer Organisation der Kommunistischen Partei Russlands, Juli 1921, Auszug, Schkola rewoljuzionoj strategij, pjat let kominterna, S. 266-306, hier S 282-292, The first five years of the Communist International, Band 2, S. 1-43, hier S. 17-29

(...)

Die Ängste und Verdächtigungen der extremen „Linken"

Alles bisher war vom Standpunkt der ernsthaften revolutionären Erfahrung aus ABC. Aber es gab ein paar „linke" Elemente auf dem Kongress, die es als taktische „Rechts"verschiebung sahen. Und ein paar jungen revolutionären GenossInnen, denen die Erfahrung fehlte, die aber übervoll an Energie und Kampf- und Opferbereitschaft waren, standen buchstäblich die Haare zu Berge, als sie die ersten kritischen und warnenden Reden der russischen GenossInnen hörten. Unter diesen jungen RevolutionärInnen waren manche, die, wie mir gesagt wurde, den sowjetischen Boden küssten, als sie über die Grenze kamen. Und obwohl wir unseren Boden immer noch zu schlecht bebauen, um ihn solcher Küsse würdig zu machen, schätzen wir trotzdem die revolutionäre Begeisterung unserer jungen ausländischen FreundInnen. Sie denken, dass es eine Schande ist, dass sie so weit zurück sind und dass sie ihre Revolution noch nicht vollbracht haben. Sie kamen mit diesen Gefühlen in die Halle des Nikolajewsk-Palastes — und was geschah? Russische KommunistInnen gingen dort aufs Podium und forderten nicht, sofort zum Aufstand zu schreiten, sondern machten im Gegenteil alle Arten von Warnungen vor Abenteuern. Sie bestanden darauf, die sozialistischen ArbeiterInnen zu gewinnen, die Mehrheit der Arbeitenden auf der Grundlage sorgfältiger Vorbereitung zu erobern.

Gewisse extreme Linke entschieden sogar, dass auch hier nicht alles in Ordnung sei. Halb feindliche Elemente wie Delegierte der sogenannten Kommunistischen Arbeiterpartei Deutschlands (diese Gruppe hatte eine beratende Stimme in der Internationalen) begannen dahingehend zu argumentieren, dass bis vor kurzem die russische Sowjetmacht tatsächlich Hoffnungen auf eine Revolution in Europa gehabt und ihre Politik entsprechend gestaltet habe, aber dass ihr später die Geduld ausging und sie begann, Handelsabkommen zu schließen und durch ihr Volkskommissariat für Außenhandel einen großen Welthandel entwickelte. Handel andererseits ist ein ernstes Geschäft und erfordert ruhige und friedliche Beziehungen. Es ist seit langem bekannt, dass revolutionäre Erschütterungen schlecht für den Handel sind und wie ihr seht, sind wir vom Standpunkt des Kommissariats des Genossen Krassin daran interessiert, die Revolution so lange wie möglich zu verzögern und zu vertagen. (Allgemeines Gelächter.) GenossInnen, es tut mir sehr leid, dass euer freundliches Gelächter nicht per Radio zu gewissen extrem linken GenossInnen in Deutschland und Italien übertragen werden kann. Die Hypothese, wonach unser Kommissariat für Außenhandel revolutionäre Erschütterungen ablehnt, wird noch merkwürdiger dadurch, dass noch im März diesen Jahres tragische Kämpfe in Deutschland ausbrachen, auf die ich gleich eingehen werde — Kämpfe, die mit einer grausamen Niederlage für einen Teil der deutschen Arbeiterklasse endeten. Damals begannen die deutschen bürgerlichen und sozialdemokratischen Zeitungen und in ihrem Gefolge die Presse auf der ganzen Welt zu heulen, dass der Märzaufstand durch Befehle aus Moskau hervorgerufen worden sei. Die Sowjetmacht, die damals in einer schwierigen Lage war (Bauernrevolten, Kronstadt etc.), habe zu ihrer eigenen Rettung Befehl gegeben, Aufstände ohne Rücksicht auf die Lage im jeweiligen Land zu machen. Man kann nichts Dümmeres als das erfinden! Aber kaum waren die GenossInnen Delegierten aus Rom, Berlin und Paris in Moskau angekommen, da kam eine neue Theorie auf, aber diesmal am entgegengesetzten und extrem linken Pol — nach dieser Theorie geben wir nicht nur keine „Befehle" für sofortige Aufstände ohne Rücksicht auf die objektive Lage, sondern sind im Gegenteil durch unseren schönen Handelsumsatz verblendet und an der Vertagung der Revolution interessiert. Es ist nicht leicht zu entscheiden, welche dieser beiden einander diametral entgegengesetzten Dummheiten dümmer ist. Wenn wir Schuld an den Märzfehlern haben — soweit es möglich ist, hier von Schuld zu sprechen —, dann war es nur in dem Sinne, dass die Internationale als Ganze, einschließlich unserer eigenen Partei, es bisher noch nicht geschafft hat, genug Ausbildungsarbeit im Bereich der revolutionären Taktik zu leisten. Aus diesem Grund schaffte sie es nicht, die Möglichkeit solcher fehlerhafter Handlungen und Methoden zu beseitigen. Aber davon zu träumen, Fehler völlig zu beseitigen, wäre der Gipfel der Ahnungslosigkeit...

Die Märzereignisse in Deutschland

In gewissem Sinne nahm die Frage der Märzereignisse einen zentralen Platz auf dem Kongress ein. Und dies war kein Zufall. Unter allen Kommunistischen Parteien ist unsere deutsche Partei eine der stärksten und am besten theoretisch vorbereiteten. Und was die Reihenfolge der Revolution angeht — wenn man sich so ausdrücken darf —, da steht Deutschland auf jeden Fall in der vordersten Reihe.

Die inneren Bedingungen sind in Deutschland als einem besiegten Land besonders günstig für die Revolution. Die zahlenmäßige Stärke und die wirtschaftliche Rolle des deutschen Proletariats reichen völlig aus, um dieser Revolution den Sieg zu sichern. Es ist nur natürlich, dass die von der deutschen Kommunistischen Partei angewandten Methoden eine internationale Bedeutung erlangen. Seit 1918 haben sich große Ereignisse des revolutionären Kampfes auf deutschem Boden ereignet und die positiven und negativen Aspekte können nach der lebendigen Erfahrung untersucht werden.

Was war der Inhalt der Märzereignisse? Die ProletarierInnen von Mitteldeutschland, die ArbeiterInnen der Bergbauregion, stellten in jüngster Zeit, sogar während dem Krieg, einen der zurückgebliebensten Teile der deutschen Arbeiterklasse dar. In ihrer Mehrheit folgten sie nicht den Sozialdemokraten, sondern den patriotischen, bürgerlichen und klerikalen Cliquen, blieben dem Kaiser treu und so weiter und so fort. Ihre Lebens- und Arbeitsbedingungen waren außerordentlich hart. Im Vergleich zu den ArbeiterInnen von Berlin nahmen sie den selben Platz ein wie zum Beispiel die rückständigen Uralprovinzen in unserem Land im Vergleich zu den Petersburger ArbeiterInnen. Während einer revolutionären Epoche passiert es nicht selten, dass der unterdrückteste und rückständigste Teil der Arbeiterklasse, der durch den Donner der Ereignisse zum ersten Mal aufgeweckt wird, sich mit der größten Energie in den Kampf wirft und Kampfbereitschaft unter allen Bedingungen zeigt, ohne dabei immer die Umstände und die Erfolgsaussichten, also die Erfordernisse der revolutionären Strategie zu berücksichtigen. Zum Beispiel machten die ArbeiterInnen Mitteldeutschlands zu einer Zeit weiterhin stürmische Aktionen, Streiks und Demonstrationen, karrten ihre Meister in Schubkarren hinaus, machten Versammlungen während der Arbeitszeit und so weiter, als die ArbeiterInnen von Berlin und Sachsen nach der Erfahrung von 1919-20 viel vorsichtiger geworden waren — was auch seine negativen und positiven Seiten hat. Diese Aktionen sind natürlich unvereinbar mit den geheiligten Aufgaben von Eberts Republik. Es ist kaum überraschend, dass diese konservative Polizeirepublik in der Person ihres Polizeiagenten, des Sozialdemokraten Hörsing, beschloss, da ein bisschen „Säuberung" zu veranstalten, das heißt, die revolutionärsten Elemente zu vertreiben, einige KommunistInnen zu verhaften etc.

Gerade während dieser Periode (Mitte März) kam das Zentralkomitee der deutschen Kommunistischen Partei zu der festen Idee, dass es eine aktivere revolutionäre Politik betreiben müsse. Wie ihr euch erinnern werdet, wurde die deutsche Partei eine kurze Zeit vorher durch die Verschmelzung des alten Spartakusbundes [Kommunistische Partei Deutschlands (Spartakusbund)] und der Mehrheit der Unabhängigen [Sozialdemokratischen] Partei geschaffen worden und stand daher in der Praxis vor der Frage von Massenaktionen. Die Idee, dass es notwendig war, zu einer aktiveren Politik überzugehen, war völlig richtig. Aber was bedeutete das in der Praxis? Als der sozialdemokratische Polizist Hörsing seinen Befehl gab, der von den ArbeiterInnen verlangte, was die Kerenski-Regierung mehr als einmal in unserem Land vergeblich verlangt hatte, nämlich, dass keine Versammlungen während der Arbeitszeit abgehalten werden, dass Firmeneigentum heilig gehalten wird etc. — zu diesem Zeitpunkt gab das Zentralkomitee der Kommunistischen Partei einen Aufruf für einen Generalstreik aus, um den ArbeiterInnen von Mitteldeutschland zu helfen. Ein Generalstreik ist nicht etwas, auf das die Arbeiterklasse leicht anspringt, wenn die Partei zum allerersten Mal einen Aufruf macht — besonders wenn die ArbeiterInnen kürzlich eine Reihe von Niederlagen erlitten haben. Erst Recht nicht in einem Land, in dem es neben der Kommunistischen Partei zwei sozialdemokratische Massenparteien gibt und wo der Gewerkschaftsapparat gegen uns steht. Aber wenn wir die Nummern der Roten Fahne, des Zentralorgans der Kommunistischen Partei, in dieser ganzen Periode Tag für Tag durchsehen, werden wir sehen, dass der Aufruf zum Generalstreik völlig unvorbereitet kam. Während der Periode der Revolution gab es nicht wenig Blutvergießen in Deutschland und die Polizeioffensive gegen Mitteldeutschland konnte für sich genommen kaum die ganze Arbeiterklasse aufrütteln. Jede ernsthafte Massenaktion muss offensichtlich durch energische Agitation im großen Stil vorbereitet werden, in deren Mittelpunkt Aktionsslogans stehen, die alle auf ein und denselben Punkt abzielen. Solche Agitation kann nur zu entschiedeneren Aktionsaufrufen führen, wenn der Versuch zeigt, dass die Massen schon bis ins Mark berührt und bereit sind, auf dem Weg der revolutionären Aktion vorwärts zu gehen. Das ist das ABC revolutionärer Strategie, aber gerade dieses ABC wurde während der Märzereignisse völlig verletzt. Bevor es die Polizeibataillone auch nur geschafft hatten, die Fabriken und Bergwerke von Mitteldeutschland zu erreichen, brach dort tatsächlich ein Generalstreik aus. Ich sagte schon, dass es in Mitteldeutschland die Bereitschaft gab, in direkten Kampf einzutreten, und der Aufruf des Zentralkomitees stieß auf eine unmittelbare Reaktion. Aber eine völlig andere Lage herrschte im Rest des Landes vor. In der internationalen oder der innenpolitischen Lage Deutschlands gab es nichts, was einen plötzlichen Übergang zur Aktivität gerechtfertigt hätte. Die Massen verstanden die Aufforderungen einfach nicht.

Trotzdem gaben gewisse sehr einflussreiche Theoretiker der deutschen Kommunistischen Partei nicht zu, dass diese Aufforderungen ein Fehler waren, sondern redeten das statt dessen weg, indem sie eine Theorie vorlegten, wonach wir in einer revolutionären Epoche verpflichtet seien, ausschließlich eine aggressive Politik zu betreiben, das heißt eine Politik der revolutionären Offensive. So wurde die Märzaktion den Massen in der Verkleidung einer Offensive präsentiert. Ihr könnt jetzt die Lage insgesamt einschätzen. Die Offensive wurde in Wirklichkeit von dem sozialdemokratischen Polizisten Hörsing begonnen. Das hätte genutzt werden sollen, um alle ArbeiterInnen beim Schutz, bei der Verteidigung, beim Widerstand zu vereinigen, selbst wenn es am Anfang ein sehr beschränkter Widerstand gewesen wäre. Wenn sich der Boden als günstig erwiesen hätte, wenn die Agitation auf gute Resonanz gestoßen wäre, wäre es möglich gewesen, zu einem Generalstreik überzugehen. Wenn sich die Ereignisse weiter entfalten, wenn sich die Massen erheben, wenn die Verbindungen zwischen den ArbeiterInnen stärker werden, wenn sich ihre Stimmung hebt, wenn im feindlichen Lager Unentschlossenheit und Demoralisierung einsetzen — dann kommt die Zeit, die Parole des Übergangs zur Offensive auszugeben. Aber wenn sich der Boden als ungünstig erweisen sollte, wenn die Bedingungen und die Stimmung der Massen nicht entschlosseneren Parolen entsprechen, dann ist es nötig, zum Rückzug zu blasen und sich so geordnet wie möglich auf früher vorbereitete Positionen zurückzuziehen. Damit haben wir erreicht, dass wir die Arbeitermassen getestet, ihre Verbindungen untereinander verstärkt und, was das wichtigste ist, die Autorität der Partei vergrößert haben, indem wir unter allen Umständen eine weise Führung boten.

Aber was machte das führende Gremium der deutschen Partei? Es gibt den Eindruck, dass es beim allerersten Anlass losstürmt. Und sogar bevor dieser Anlass den ArbeiterInnen bekannt und von ihnen verarbeitet wurde, wirft das Zentralkomitee mit der Parole des Generalstreiks um sich. Und bevor die Partei eine Chance hatte, die ArbeiterInnen von Berlin, Dresden, München zur Hilfe der ArbeiterInnen Mitteldeutschlands zu sammeln — und dies hätte vielleicht binnen Tagen erreicht werden können, wenn man nicht die Ereignisse übersprungen, sondern die Massen systematisch und fest vorwärts geführt hätte — bevor die Partei es schaffte, diese Arbeit zu vollenden, wird verkündet, dass unsere Aktion eine Offensive sei… Das war schon genug, um alles zu ruinieren und die Bewegung im Voraus zu lähmen. Es ist ziemlich offensichtlich, dass in diesem Stadium die Offensive ausschließlich von der feindlichen Seite kam. Es war notwendig, das moralische Element der Verteidigung zu nutzen, es war notwendig, das Proletariat ganz Deutschlands aufzurufen, den ArbeiterInnen Mitteldeutschlands zur Hilfe zu eilen. In den Anfangsstadien hätte diese Unterstützung verschiedene Formen annehmen können, bis sich die Partei in der Lage befunden hätte, eine verallgemeinerte Aktionsparole auszugeben. Die Aufgabe der Agitation bestand darin, die Massen auf die Beine zu bringen, ihre

Aufmerksamkeit auf die Ereignisse in Mitteldeutschland zu lenken, den Widerstand der Arbeiterbürokratie politisch zu zerschlagen und einen wirklich allgemeinen Charakter der Streikaktion als mögliche Basis für eine weitere Entwicklung des revolutionären Kampfes zu sichern. Aber was passierte statt dessen? Die revolutionäre und dynamische Minderheit des Proletariats fand sich in der Aktion der Mehrheit des Proletariats entgegengestellt, bevor die Mehrheit die Chance hatte, die Bedeutung der Ereignisse zu erfassen. Als die Partei gegen die Passivität und abwartende Haltung der Arbeiterklasse anrannte, versuchten die ungeduldigen kommunistischen Elemente hier und da, die Mehrheit der Arbeiterklasse nicht mehr durch Agitation, sondern durch mechanische Mittel auf die Straße zu treiben. Wenn die Mehrheit der ArbeiterInnen für einen Streik ist, kann sie natürlich immer die Minderheit zwingen, indem sie die Fabriken zwangsweise dichtmacht und so in der Aktion einen Generalstreik erreicht. Dies ist mehr als einmal passiert, es wird in der Zukunft passieren und nur Dummköpfe können etwas dagegen haben. Aber wenn die überwältigende Mehrheit der Arbeiterklasse keine klare Vorstellung von der Bewegung hat, oder nicht mit ihr sympathisiert oder nicht glaubt, dass sie Erfolg haben kann, aber eine Minderheit vorneweg stürmt und versucht, die ArbeiterInnen mit mechanischen Mitteln in den Streik zu treiben, dann kann so eine ungeduldige Minderheit in Person der Partei in einen feindseligen Zusammenstoß mit der Arbeiterklasse geraten und sich den Hals brechen.[1]

---

1 *Paul Levi, der frühere Vorsitzende des Zentralkomitees der deutschen Kommunistischen Partei hat eine Kritik der Taktik der Partei während der Märzereignisse gemacht. Aber seine Kritik hat so absolut und unzulässig desorganisierenden Charakter, dass sie der Sache schadet und nicht nutzt. Der innere Kampf führte zum Ausschluss von Levi aus der Partei und sein Ausschluss wurde vom Kongress der Internationale bestätigt. — L.T.*

Die Strategie der deutschen Konterrevolution und Elemente von Abenteurertum auf der Linken

Schauen wir aus diesem Blickwinkel auf die ganze Geschichte der deutschen Revolution zurück. Im November 1918 fiel die deutsche Monarchie und die proletarische Revolution kam auf die Tagesordnung, es fanden dort blutige revolutionäre Schlachten der proletarischen Vorhut gegen das Regime der bürgerlichen Demokratie statt; diese Kämpfe wiederholten sich im März 1919 Die Bourgeoisie orientierte sich schnell und arbeitete ihre eigene Strategie aus: sie warf das Proletariat Stück für Stück nieder. Dabei kamen die besten FührerInnen der Arbeiterklasse ums Leben — Rosa Luxemburg und Karl Liebknecht. Im März 1920, nachdem Kapps konterrevolutionärer Umsturzversuch durch einen Generalstreik weggefegt worden war, gab es einen neuen Teil-Aufstand, den bewaffneten Kampf der ArbeiterInnen im Ruhrgebiet Die Bewegung endete in einer neuen Niederlage und zahllosen frischen Opfern. Schließlich kam im März 1921 ein neuer Bürgerkrieg — der erneut einen teilweisen Charakter hatte — und eine neue Niederlage.

Als im Januar und März 1919 die deutschen ArbeiterInnen einen Teil-Aufstand machten, eine Niederlage erlitten und ihre besten FührerInnen verloren, sagten wir mit Blick auf unsere eigene Erfahrung, dass dies die „Juli-Tage" der deutschen Kommunistischen Partei waren. Ihr alle erinnert euch an die Juli-Tage in Petersburg im Jahre 1917. Petersburg übertraf damals den Rest des Landes und stürmte allein vorwärts; es hatte nicht ausreichend Unterstützung in den Provinzen, während es in der Kerenski-Armee noch immer rückständige Regimenter gab, die zur Unterdrückung der Bewegung eingesetzt werden konnten. Aber in Petersburg selbst war schon die erdrückende Mehrheit des Proletariats auf unserer Seite. Die Juli-Tage in Petersburg wurden die Voraussetzung für den Oktober. Es stimmt, dass auch wir im Juli ein paar Dummheiten machten. Aber wir bauten sie nicht zu einem System aus. Die Januar- und Märzkämpfe 1919 wurden von uns als der deutsche „Juli" betrachtet. Aber was in Deutschland als nächstes kam, war nicht der „Oktober", sondern der März 1920 — eine neue Niederlage, von den anderen und kleineren Teil-Niederlagen und dem systematischen Massaker an den besten örtlichen FührerInnen der deutschen Arbeiterklasse gar nicht erst zu reden. Ich sage euch, als wir die März-Bewegung von 1920 und später die März-Bewegung von 1921 beobachteten, mussten wir einfach sagen: Nein, es gibt zu viele „Juli-Tage" in Deutschland, was wir wollen ist — Oktober.

Ja, es ist notwendig, den deutschen Oktober vorzubereiten, den Sieg der deutschen Arbeiterklasse. Und hier erhebt sich die Frage der revolutionären Strategie in ihrer vollen Größe vor uns. Es ist vollkommen klar und offensichtlich, dass die deutsche Bourgeoisie, das heißt ihre führende Clique, ihre konterrevolutionäre Strategie vollständig entfaltet hat: sie provoziert getrennte Teile der Arbeiterklasse zur Aktion; sie isoliert sie in jeder Provinz; sie liegt mit gespanntem Gewehr im Hinterhalt und zielt immer auf die Köpfe, auf die besten VertreterInnen der Arbeiterklasse. Auf den Straßen oder in den Polizeizellen, im offenen Kampf oder bei angeblichen Fluchtversuchen, durch Kriegsgerichtsurteile oder in den Klauen illegaler Banden sterben jene KommunistInnen einzeln, zu zweit, zu Hunderten und zu Tausenden, in denen die beste Erfahrung des Proletariats verkörpert ist. Diese Strategie ist genau berechnet, wird kaltblütig umgesetzt und umfasst die ganze Erfahrung der herrschenden Klasse.

Und unter diesen Bedingungen, zu einer Zeit, wo die deutsche Arbeiterklasse insgesamt instinktiv wahrnimmt, dass man mit so einem Feind nicht mit bloßen Händen fertig wird, dass hier mehr als Begeisterung notwendig ist, nämlich Kaltblütigkeit, klare Einschätzung der Lage, ernsthafte Vorbereitung, und wo die Arbeiterklasse das von ihrer Partei erwartet, wird ihr statt dessen von oben gesagt: es ist unsere Pflicht, nur eine Strategie der Offensive zu verfolgen, das heißt unter allen Umständen anzugreifen, weil wir, wie ihr seht, in die Epoche der Revolution eingetreten sind. Das ist etwa so, wie wenn ein Armeekommandeur sagen würde: „Da wir uns im Krieg befinden, ist es unsere Pflicht, überall und zu jeder Zeit zur Offensive zu schreiten." So ein Kommandeur würde selbst wenn er mehr Kräfte auf seiner Seite hätte, unbedingt besiegt werden. Aber das ist nicht alles. Man findet „Theoretiker" wie den deutschen Kommunisten Maslow, die sich in Verbindung mit den Märzereignissen in etwas wirklich Ungeheures hineinreden. Maslow sagt: „Unsere Gegner beschuldigen unsere Märzaktion für etwas, was wir als Ruhmesblatt für uns betrachten, nämlich dass die Partei, als sie in den Kampf trat, sich nicht fragte, ob die Arbeiterklasse ihr folgen würde oder nicht." Dies ist ein wörtliches Zitat!

Aus dem Blickwinkel der subjektiven Revolutionäre oder Linken Sozialrevolutionäre ist dies prächtig, aber aus dem Blickwinkel des Marxismus ist es — ungeheuerlich!

Tendenzen von Abenteurertum und ... vierte Internationale

Im Juli 1918 verkündeten die Linken Sozialrevolutionäre: „Die revolutionäre Pflicht verlangt, dass wir eine Offensive gegen die Deutschen beginnen". Wir werden besiegt werden? Aber es ist unsere Pflicht, vorzurücken. Sind die arbeitenden Massen dagegen? Sehr gut. In diesem Fall ist es möglich, eine Bombe auf den Grafen Mirbach zu werfen, um die russischen ArbeiterInnen zu zwingen, in einen Kampf zu treten, in den sie unvermeidlich untergehen müssen. Stimmungen dieser Art sind sehr stark in der sogenannten Kommunistischen Arbeiterpartei Deutschlands (KAPD). Dies ist eine kleine Gruppe von Proletarischen Linken Sozialrevolutionären. Unsere einheimischen Linken Sozialrevolutionäre haben — genauer gesagt: hatten — ihre tiefsten Wurzeln unter den Intellektuellen und BäuerInnen. Aber abgesehen von diesem sozialen Unterschied bleiben die politischen Methoden identisch. Dies ist eine hysterische Revolutionsmacherei, die in der Lage ist, in jedem Augenblick die extremsten Mittel und Methoden anzuwenden und dabei weder die Massen noch die allgemeine Lage zu berücksichtigen. Es ist Ungeduld an Stelle von kühler Berechnung. Es ist Trunkenheit von revolutionären Phrasen. All dies charakterisiert die „Kommunistische Arbeiterpartei Deutschlands" gänzlich. Auf dem Kongress sagte einer der Sprecher, der im Namen dieser Partei sprach, ungefähr das folgende: „Was könnt ihr erwarten? Die Arbeiterklasse Deutschlands ist durch und durch durchtränkt (er sagte sogar verseucht[2]) mit Philistertum, mit Mittelschichtideologie, kleinbürgerlichem Geist. Was kann man da machen? Ohne Wirtschaftssabotage wirst du sie nicht auf die Straßen kriegen…"

Und auf die Frage, was er damit meine, erklärte er, dass die ArbeiterInnen sofort zufrieden werden und keine Revolution wollen, sobald sie ein bisschen besser leben. Wenn aber die mechanische Tätigkeit der Produktion unterbrochen ist, wenn Fabriken, Werke, und Eisenbahnen

---

2   *im Original deutsch*

etc. in die Luft gesprengt werden, verschlechtert das die Bedingungen für die Arbeiterklasse und macht sie folglich fähig zur Revolution. Erinnert euch, dass dies von einem Vertreter einer „Arbeiter"partei gesagt wird. Dies ist in der Tat absoluter Skeptizismus!

Es folgt also — wenn wir die entsprechenden Schlussfolgerungen für das Dorf ziehen — dass die fortgeschrittenen BäuerInnen Deutschlands Dörfer in Brand stecken und im ganzen Land den Roten Hahn loslassen und auf diese Weise die ländliche Bevölkerung revolutionieren sollten. Hier muss man sich einfach erinnern, dass in der allerersten Periode der revolutionären Bewegung in Russland in den Sechziger Jahren, als die revolutionären Intellektuellen völlig machtlos waren, sich durch Aktionen auszudrücken, als sie in ihre Zirkelexistenz gepresst wurden und ständig gegen die Passivität der bäuerlichen Massen anrannten — gerade zu dieser Zeit kamen gewisse Gruppen (die sogenannten Netschajewisten) zu der Schlussfolgerung, dass Feuer und Brandstiftung die wirklichen revolutionären Faktoren von Russlands politischer Entwicklung darstellten.

Es ist völlig klar, dass diese Art von wesentlich gegen die Mehrheit der Arbeiterklasse gerichteter Sabotage eine antirevolutionäre Maßnahme ist, die die Arbeiterklasse in einen feindlichen Zusammenstoß mit einer „Arbeiter"partei bringt, deren zahlenmäßige Stärke schwer zu schätzen ist. Aber auf jeden Fall zählt diese „Arbeiter"partei nicht mehr als 30.000 bis 40.000, während die Vereinigte Kommunistische Partei etwa 400.000 Mitglieder hat, wie ihr wisst.

Der Kongress warf die Frage der KAPD ziemlich unverblümt auf und stellte der Organisation die Forderung, dass sie innerhalb der nächsten drei Monate einen Kongress abhält und entweder mit der Vereinigten Kommunistischen Partei verschmilzt oder endgültig ihren Platz außerhalb der Kommunistischen Internationale einnimmt. Es gibt viele Anzeichen dafür, dass die KAPD in Person ihrer gegenwärtigen Anarcho-Abenteurer-Führung sich dieser Entscheidung der Internationale nicht unterwerfen wird und sich so außerhalb unserer Reihen finden wird und wahrscheinlich versuchen wird, eine „vierte Internationale"[3] zusammen mit anderen „extrem linken" Elementen zu bilden. Ein paar Töne auf der selben kleinen Pfeife wurden auch von unserer Alexandra Kollontai gespielt. Es ist kein Geheimnis, dass unsere Partei zunächst der Kern der Kommunistischen Internationale bleibt. Indessen malte Genossin Kollontai die Lage unserer Partei in solchen Farben, dass es so aussah,

---

3   1922 wurde die Frage der Gründung einer neuen Internationale zu einem der Gründe für die Spaltung der KAPD. Ihre Minderheit gründete im April mit Gleichgesinnten eine Kommunistische Arbeiter-Internationale. Bei ihrem 2. Kongress im August konnten sie 400-450 Mitglieder in Deutschland, 200 in den Niederlanden, plus eine sich gerade auflösende Organisation in Bulgarien und Kontakte in andere Länder verzeichnen. Ihr dritter und letzter Kongress im November 1924 berichtete vor allem von „ungeheuren Schwierigkeiten". Diese gescheiterte Sekte darf nicht verwechselt werden mit der Vierten Internationale, die Trotzki selbst 1938 gründete. Trotzki entschloss sich erst zu diesem Schritt, nachdem er zehn Jahre lang (1923-1933) einen vergeblichen Kampf innerhalb der Kommunistischen Internationale gegen den aufkommenden Stalinismus geführt hatte. Die Grundlagen dieser Internationale waren kein Sektierertum, sondern zu ihnen gehörten der Kampf gegen Opportunismus und gegen Sektierertum, der auf den ersten vier Kominternkongressen geführt worden war. Trotzkis Vierte Internationale blieb in der schwierigen Lage nach einer Kette von Niederlagen des internationalen Proletariats (Niederlagen der Revolution in Deutschland 1923, China 1927, Sieg des Faschismus in Deutschland 1933, Österreich 1934, Spanien etc.) zahlenmäßig klein (bis auf Länder wie Sri Lanka, Vietnam, Bolivien, wo sie vorübergehend eine Massenkraft war). Sie war aber doch bedeutsam, weil sie die revolutionären Traditionen des Marxismus, des Bolschewismus und der Anfangsjahre der Komintern weitergab und weiterentwickelte. Nach der Ermordung Trotzkis 1940 und dem Zweiten Weltkrieg erwies sich ihre Führung aber als unfähig, sich in der neuen internationalen Lage zurechtzufinden. Die Internationale zerfiel. Das Komitee für eine Arbeiterinternationale wurde 1974 gegründet, um die marxistische Tradition der ersten vier Kominternkongresse und der Anfangsjahre der Vierten Internationale weiterzuführen.

dass die arbeitenden Massen mit der Genossin Kollontai an der Spitze bald, einen Monat hin oder her, eine „dritte Revolution" machen müssten, um ein „wirkliches" Sowjetsystem zu errichten. Aber warum eine dritte Revolution und keine vierte? Schließlich fand die dritte Revolution im Namen des „wirklichen" Sowjetsystems letzten Februar in Kronstadt statt. Auch in Holland gibt es extreme Linke. Vielleicht auch in anderen Ländern. Ich weiß nicht, ob alle aufgezählt wurden. Aber in jedem Fall ist ihre Zahl nicht groß und eine „vierte Internationale", wenn sie entstehen sollte, läuft nicht Gefahr, zahlenmäßig sehr groß zu werden. Natürlich wäre es traurig, auch nur eine kleine Gruppe zu verlieren, weil es in ihren Reihen zweifellos gute ArbeiteraktivistInnen gibt. Aber wenn es unser Schicksal ist, dass diese sektiererische Abspaltung stattfindet, dann werden wir in der nächsten Periode nicht nur die 2½. Internationale auf unserer Rechten, sondern auch die Internationale Nummer vier auf unserer Linken haben — wo Subjektivismus, Hysterie, Abenteurertum und revolutionäre Phrasendrescherei in völlig vollendeter Form Ausdruck finden werden. Wir werden so eine „linke" Vogelscheuche bekommen, die wir nutzen können, um der Arbeiterklasse Strategie beibringen zu können. Ihr seht, dass alles seine zwei Seiten hat: positive und negative.

Linke Fehler und die russische Erfahrung

Aber auch in der Vereinigten Kommunistischen Partei Deutschlands gab es antimarxistische Tendenzen, die sich im März und danach ziemlich krass enthüllten. Ich habe schon den erstaunlichen Artikel von Maslow zitiert. Aber Maslow ist nicht allein. In Wien wird eine Zeitschrift „Kommunismus" herausgegeben, ein Organ der Kommunistischen Internationale in deutscher Sprache. In der

Juli-Ausgabe der Zeitschrift erklärt ein Artikel, der der Lage in der Internationale gewidmet ist, ungefähr folgendes:

„Das prinzipielle Merkmal der gegenwärtigen Periode der Revolution liegt darin, dass wir jetzt gezwungen sind, selbst Teilkämpfe, auch wirtschaftliche, also Streiks, mit den Werkzeugen des Endkampfes zu führen, das heißt mit der Waffe in der Hand."

Hier, GenossInnen, ist die Strategie auf den Kopf gestellt! Zu einer Zeit, wo die Bourgeoisie uns zu blutigen Teilkämpfen provoziert, wollen manche unserer Strategen Kämpfe dieser Art zum Leitprinzip machen. Ist das nicht ungeheuerlich! Die objektive Lage in Europa ist zutiefst revolutionär. Die Arbeiterklasse merkte es und drängte in der ganzen Nachkriegsperiode ungestüm in den Kampf gegen die Bourgeoisie. Aber sie erlangte nirgends außer in Russland den Sieg. Die Arbeiterklasse begann dann zu verstehen, dass sie vor einer schwierigen Aufgabe steht und begann den Apparat für den Sieg aufzubauen — die Kommunistische Partei. Im letzten Jahr ist sie mit Siebenmeilenstiefeln diesen Weg gegangen. Wir haben jetzt wirkliche kommunistische Massenparteien in Deutschland, Frankreich, der Tschechoslowakei, Jugoslawien, Bulgarien... Das Wachstum war ungeheuer! Was ist die nächste Aufgabe? Für diese Parteien besteht sie darin, so schnell wie möglich die Mehrheit der IndustriearbeiterInnen und die entscheidenden Teile der LandarbeiterInnen und sogar der armen Bauernschaft zu erobern, so wie wir sie vor dem Oktober erobert haben — sonst hätte es keinen Oktober gegeben. Gewisse unglückliche Strategen sagen statt dessen, dass die Epoche heute revolutionär ist und wir daher die Pflicht haben, bei jeder Gelegenheit den Kampf, selbst einen Teilkampf, mit den Methoden des bewaffneten Aufstands zu führen. Die Bourgeoisie könnte sich nichts besseres wünschen! Zu einer Zeit, wo die Kommunistische Partei mit einem prächtigen Tempo wächst und sie ihre Flügel immer mehr über die ganze Arbeiterklasse ausbreitet, ist es das Ziel der Bourgeoisie, die ungeduldigsten und kämpferischsten Teile der ArbeiterInnen zu provozieren, sich vorzeitig in den Kampf zu stürzen — ohne die Unterstützung der großen Masse der ArbeiterInnen — um die Arbeiterklasse Stück für Stück zu schlagen, das Vertrauen des Proletariats in seine eigene Fähigkeit zum Sieg über die Bourgeoisie zu untergraben. Unter diesen Bedingungen ist die Theorie, dass man immer in die Offensive gehen und Teilkämpfe mit den Methoden des bewaffneten Aufstands führen muss, Wasser auf die Mühlen der Konterrevolution. Deshalb sagte die russische Partei, unterstützt von den reiferen Elementen auf dem Dritten Kongress den GenossInnen des Linken Flügels feste: Ihr seid vorzügliche RevolutionärInnen und ihr werden für die Sache des Kommunismus kämpfen und sterben, aber das reicht uns nicht! Wir müssen nicht nur kämpfen, sondern auch siegen! Und dafür ist es notwendig, die Kunst der revolutionären Strategie vollständiger zu beherrschen.

Ich meine, GenossInnen, dass einer der wichtigsten Gründe, warum die Schwierigkeiten des revolutionären Kampfes und revolutionären Sieges in Europa unterschätzt werden, im tatsächlichen Verlauf der proletarischen Revolution in Russland und teilweise auch in Ungarn liegt. Wir hatten in Russland eine geschichtlich verspätete und politische schwache Bourgeoisie, eine Bourgeoisie, die stark vom europäischen Kapital abhing und schwache politische Wurzeln auf russischem Boden hatte. Auf der anderen Seite hatten wir eine revolutionäre Partei mit einer großen Tradition und dem Erbe des Kampfes im Untergrund, die im Kampf geschult und geschmiedet war, und die bewusst die ganze vergangene Erfahrung der revolutionären Kämpfe in Europa und auf der ganzen Welt nutzte. Die Stellung der russischen Bauernschaft gegenüber der Bourgeoisie und gegenüber dem Proletariat, der Charakter und die Stimmung der russischen Armee nach der militärischen Katastrophe des Zarismus — all dies machte die Oktoberrevolution unvermeidlich und half sehr beim Sieg der Revolution. (Dies verhinderte aber nicht spätere Schwierigkeiten, sondern bereitete sie im Gegenteil im kolossalen Ausmaß vor.) Wegen der verhältnismäßigen Leichtigkeit, mit der die Oktoberrevolution erreicht wurde, stellte sich der Sieg des russischen Proletariats den führenden Kreisen der europäischen ArbeiterInnen nicht als politisch-strategische Aufgabe dar und sie verinnerlichten diesen Aspekt nicht ausreichend.

Die nächste Erfahrung bei der Machteroberung durch das Proletariat fand in einem kleineren Maßstab, aber näher in Europa statt — in Ungarn. Die Umstände entfalteten sich da auf solche Weise, dass die KommunistInnen fast ohne jeden revolutionären Kampf die Macht erlangten. Dadurch wurden die Fragen der revolutionären Strategie in der Epoche des Kampfs um die Macht natürlich auf ein Minimum verringert.

Aus der Erfahrung von Russland und Ungarn zogen nicht allein die arbeitenden Massen, sondern auch die Kommunistischen Parteien anderer Länder zunächst einmal das Wissen, dass der Sieg des Proletariats unausweichlich war und gingen dann direkt zum Erlangen von Wissen über die Schwierigkeiten über, die sich aus dem Sieg der Arbeiterklasse ergaben. Was die Strategie des revolutionären Kampfes um die Eroberung der Macht betraf, stellte sie sich ihnen als etwas ausnehmend Einfaches dar, als etwas, was man fast für selbstverständlich halten konnte. Es ist kein Zufall, dass gewisse prominente ungarische Genossen, die der Internationale große Dienste geleistet haben eine Tendenz zeigen, die taktischen Fragen, vor denen das Proletariat in der revolutionären Epoche steht, extrem zu vereinfachen; und Taktik durch eine Parole ersetzen, in die Offensive zu gehen.

Der Dritte Weltkongress sagte den KommunistInnen aller Länder: Der Verlauf der russischen Revolution ist ein sehr wichtiges geschichtliches Beispiel, aber er ist keineswegs die politische Regel. Und weiter: nur ein Verräter könnte die Notwendigkeit einer revolutionären Offensive leugnen; aber nur ein Einfaltspinsel würde die ganze revolutionäre Strategie auf die Offensive reduzieren.

Redebeitrag über die Taktik der Komintern

2. Juli 1921

3. Weltkongress der Kommunistischen Internationale, 14. Sitzung, 2. Juli 1921, Protokoll des III. Weltkongresses, Band II. Erlangen 1973, S. 637-650

TROTZKI. Zunächst eine ganz kleine formelle Bemerkung. Genosse Thälmann, dessen leidenschaftliche Rede wir soeben hier gehört haben, beklagte sich darüber, dass es ihn nicht vergönnt war, nach mir zu sprechen. Nun wird ja die Reihenfolge durch die Rednerliste bestimmt. Genosse Thälmann sagte auch, er sei ein sehr disziplinierter Genosse. Als solcher musste er sich auch der Disziplin der Rednerliste fügen und hatte eigentlich kein Recht, sich über diese objektive Tatsache zu beklagen.

Genosse Thälmann hat sich auch, und zwar ebenfalls mit Unrecht, über den Genosse Lenin beklagt und die Sache so hingestellt, als ob Genosse Lenin gesagt hätte: da schlagen wir ihnen taktische Thesen vor und die übrigen Delegationen haben nicht das Recht für sich in Anspruch zu nehmen, Änderungsanträge vorzuschlagen. So war es nicht gemeint und diese Einstellung des Genossen Thälmann ist in dieser Beziehung ganz falsch. Lenin hat gesagt: Die Thesen, die wir vorschlagen, sind nicht das Elaborat, nicht das Produkt der russischen Delegation, die sich in einem Stübchen versammelt und dann in einer kleinen Stunde die Thesen ausgearbeitet hat. O nein, Genosse Thälmann kann diesbezügliche Erkundigungen bei den Mitgliedern seiner eigenen Delegation darüber einholen, dass wir ziemlich große, langwierige und stellenweise leidenschaftliche Verhandlungen und Diskussionen auch mit den Mitgliedern der deutschen Delegation über die Thesen hatten, dass verschiedene Vorschläge vorgelegt worden sind, auch von der deutschen Delegation, dass man einander Konzessionen machte. Aus diesem ziemlich langwierigen Prozess sind diese Thesen entstanden. Und ich behaupte nicht, dass diese Thesen von allen Parteien, Gruppen und Tendenzen gebilligt worden sind, ich behaupte aber, dass diese Thesen unsererseits als Kompromiss betrachtet werden, als Kompromiss in der Richtung nach links. Was das Wort links hier bedeutet, werde ich später des näheren zu erörtern versuchen. Jetzt will ich nur noch mit Nachdruck feststellen, dass wir diese Thesen als maximale Zugeständnisse betrachten an diejenige Tendenz, die hier von vielen GenossInnen, so auch vom Genosse Thälmann verteidigt worden ist.

GenossInnen, mehrere Delegierte haben mir gegenüber privatim ihrer Ungeduld darüber Ausdruck verliehen, dass die deutsche Delegation hier ziemlich viel Zeit für sich in Anspruch nimmt und ihre internen Angelegenheiten so breit hier erörtert. Die Ungeduld dieser GenossInnen ist meines Erachtens nicht berechtigt. Es handelt sich hier in erster Linie um die Märzaktion. Selbstverständlich ist es etwas Menschliches, allzu Menschliches, dass mit dieser ganz politischen Frage auch persönliche Fragen, persönliche Reibungen, Leidenschaften zusammenhängen. Wohl haben manche unserer GenossInnen diese persönliche Seite der Frage und diese Leidenschaften etwas allzu sehr zugespitzt. wie es Genosse Heckert tat, dessen Rede im übrigen recht interessant war. Aber ich meine, wir müssen doch die Hauptsache herausfinden, die Hauptfrage herausschälen, und diese Frage, diese Hauptfrage ist keine deutsche Frage, sie ist eine eminent internationale Frage. Die deutsche Partei ist diejenige unter den westeuropäischen, vorn russischen geographischen Standpunkte aus, die, nachdem sie sich zu einer selbständigen, festumrissenen, großen Partei entwickelt hatte, zum erstenmal selbständig eine Aktion leitete. Und weil die junge, ganz junge Italienische Partei, und die größere, aber als Kommunistische Partei ebenfalls junge Französische Partei in dieser Beziehung ähnlichen Situationen gegenüberstehen, glaube ich, dass alle Delegationen, und insbesondere die erwähnten, aus dieser Frage vieles zu lernen haben.

Ich werde meine Ausführungen über die Märzaktion mit der Erörterung der Änderungsanträge beginnen, die vorgeschlagen worden sind Denn wir werden zwischen zwei Tendenzen zu wählen haben. Von redaktionellen und sachlichen Ergänzungen zu der ursprünglichen Fassung der Thesen will ich natürlich gar nicht sprechen. Wir werden also zwischen zwei Tendenzen zu wählen haben. Zwischen der einen Tendenz, die hier vom Genossen Lenin, Genossen Sinowjew und in erster Linie vom Genossen Radek, der ja den Bericht erstattete, und jetzt von mir verteidigt, und dann sind da diese Änderungen, diese Vorschläge, in denen man eine andere Tendenz zum Ausdruck bringt, oder bringen möchte. Daher ist es wichtig, dass man sich mit diesen Abänderungsvorschlägen beschäftigt. Ich will mich nur auf jenen Passus beschränken, der sich auf die Märzaktion bezieht. Unsere Vorschläge sagen darüber, dass wir die Märzaktion „als einen der VKPD durch den Angriff der Regierung auf das mitteldeutsche Proletariat aufgezwungenen Kampf ansehen, dass wir das mutige Auftreten der VKPD anerkennen, die dadurch bewiesen hat, dass sie die Partei des revolutionären Proletariats Deutschlands ist". Dann deckt man die wichtigen Fehler auf, die bei dieser Aktion begangen worden sind, und dann erteilen wir zum Schluss folgenden Rat:

„Die VKPD muss im Interesse der sorgfältigen Abwägung der Kampfesmöglichkeiten aufmerksam die Stimmen berücksichtigen, die auf Schwierigkeiten der Aktionen hinweisen und sie auf ihre Berechtigung sorgfältig prüfen. Aber sobald eine Aktion von den Parteibehörden beschlossen wird, haben sich alle GenossInnen den Beschlüssen der Partei zu fügen, und diese Aktionen durchzuführen. Die Kritik an Aktionen darf nur nach deren Abschluss beginnen, sie darf nur in Parteiorganisationen geübt werden und muss Rücksicht nehmen auf die Lage, in der sich die Partei dem Klassengegner gegenüber befindet. Da Levi diese selbstverständlichen Forderungen der Parteidisziplin und die Bedingungen der Parteikritik missachtet hat, heißt der Kongress seinen Ausschluss aus der Partei gut und hält jede politische Mitarbeit der Mitglieder der Kommunistischen Internationale mit ihm für unzulässig."

Nun, der Genosse Brand war ja entschieden dagegen, dass man eine Stelle errichte, auf deren mahnende Stimme die Partei zu horchen hat. Zu dem Genossen Brand, der verschiedenes, wie die mahnende Stimme, die Statistik und manches andere zurückweist, werden wir vielleicht noch zurückkehren. Was schlagen uns nun die deutschen und die anderen GenossInnen, die die Abänderungsvorschläge verfertigt haben, zu diesem Paragraphen vor? Sie schlagen uns vor, anzuerkennen, dass der III. Kongress der Kommunistischen Internationale die Märzaktion der VKPD für einen Schritt nach vorwärts halte und sagen: „Diese Aktion bedeutet den Übergang der stärksten Massenpartei Mitteleuropas zum wirklichen Kampf, den ersten Versuch zur Verwirklichung der führenden Rolle der

Kommunistischen Partei in den Kämpfen des deutschen Proletariats, zu der die Partei sich in ihrem Gründungsprogramm bekannt hatte. Die Märzaktion bedeutet die Enthüllung und Überwindung des offenen konterrevolutionären Charakters der USPD und der verkappten zentristischen Elemente in den Reihen der VKPD selbst. Die Märzaktion hat infolge zahlreicher in der Aktion auftretender Fehler und organisatorischer Mängel der Partei ermöglicht, diese Mängel und Fehler klar zu sehen und mit ihrer Abstellung zu beginnen. Sie hat in ihrem Verlauf die nicht genügend straffe Kampfdisziplin der Partei aufgedeckt und zu ihrer Festigung beigetragen. Sie hat ferner nicht unbeträchtliche Massen sozialdemokratischer ArbeiterInnen mitgerissen und eine revolutionäre Gärung in diesen Parteien veranlasst. Die Aktion hat, weit davon entfernt, die Organisation zu zerrütten, ihren Kampfgeist gestärkt," usw. usw.

Wenn man vom Kongress fordert, dass er feststelle, die Märzaktion war nicht nur ein Massenkampf, eine Massenaktion, der Arbeiterschaft und somit auch der Partei aufgezwungen, dass die Partei dabei sich mutig gehalten habe, wenn man vom Kongress auch fordert, dass er anerkenne, die Partei habe den Versuch gemacht, die führende Rolle der Kommunistischen Partei in den Kämpfen zu verwirklichen, so muss man ja auch dem Kongress das Recht überlassen, zu sagen, ob dieser Versuch glücklich oder unglücklich war. Wenn wir sagen, die Märzaktion war ein Schritt nach vorwärts, so verstehen wir darunter — ich wenigstens — die Tatsache, dass die Kommunistische Partei nicht mehr als Opposition innerhalb der Unabhängigen Sozialistischen Partei, oder als eine propagandistische kommunistische Organisation vor uns steht, sondern als eine einheitliche, selbständige, geschlossene, zentralistische Partei, die die Möglichkeit hat, selbständig in den Kampf des Proletariats einzugreifen, und dass dies zum erstenmal in der Märzaktion geschehen ist. Ich habe mit den französischen Freunden anlässlich des II. Kongresses oft über die Situation innerhalb der Gewerkschaften und der Partei gesprochen und habe gesagt: Ja, Ihr seid zusammen mit SyndikalistInnen, AnarchistInnen, SozialistInnen und Ihr seid nichts mehr als eine Opposition. Man sieht ja die Tendenz, Nuancen in Erfolg, vielleicht auch die potentiellen Dummheiten. Es wird das ein großer Fortschritt sein in dem Moment, wo sie sich aus der alten Organisation loslösen und als selbständige Macht auftreten. Nun ist das im ganzen Umfange geschehen. Das will aber gar nicht sagen, dass dieses erste Auftreten, dieser Versuch, selbständig eine führende Rolle zu spielen, ein Glück war. Man sagt aber, wir haben daraus sehr viel gelernt und auch aus den Fehlern. So heißt es in den Abänderungsvorschlägen, ich will sie nicht verlesen, allein es wird dort gesagt, dass gerade das große Verdienst der Märzaktion darin bestehe, dass sie die Möglichkeit gegeben habe, die Fehler, die man dabei gemacht hatte, festzustellen. um sie dann später zu beseitigen. Ja, wenn wir auf diesem Wege Verdienste suchen, so ist das selbstverständlich eine ganz kühne Auffassung. Ich habe dem Genosse Thalheimer im Privatgespräch gesagt, es erinnere dies an einen russischen Übersetzer, der in den siebziger Jahren ein englisches Buch übersetzt und im Vorwort vorausgeschickt hat, er habe das Buch übersetzt, damit die Welt sehe, wie wertlos dieses Buch ist. (Heiterkeit.) Man beginnt doch eine Aktion nicht darum, dass man aus der Aktion ersehen soll, welche Fehler man dabei begeht, um sie dann zu beseitigen. Diese Abänderungsvorschläge sind im Geiste der Verteidigung geschrieben, nicht im Geiste der Analyse.

Genosse Heckert hat in seiner interessanten Rede uns ein Bild der Märzaktion gegeben in dem Sinne, man habe eine sehr stark zugespitzte Lage gehabt. Die Frage der Reparationen, die Ruhrbesetzung, Oberschlesien, ökonomische Krise, Arbeitslose, große Streiks. In diesem ganzen Rahmen der weltgeschichtlichen Bewegung verschärften sich noch die Gegensätze, und das gab sozusagen den letzten Anstoß für den Angriff der Partei die Bewegung der ArbeiterInnen Mitteldeutschlands. Wahrlich ein schönes, ehrliches, ökonomisches Bild. Aber ein anderer Genosse, der dieselbe Aktion verteidigte, entwarf uns ein ganz entgegengesetztes Bild. Wenn Genosse Thalheimer nach 30 Jahren, wenn er schon ergraut sein wird, die Feder Mehrings nimmt, um die Geschichte der Kommunistischen Partei zu schreiben, so wird er Dokumente und Bücher....

RADEK. In meinem Zauberkoffer . . . (Heiterkeit.)

TROTZKI (fortfahrend): Dokumente und Bücher auftreiben, in denen man ein ganz anderes Bild der Bewegung findet. Nämlich die internationale Lage war ziemlich konfus, und sie steuerte im großen und ganzen einem Kompromiss zu. Die oberschlesische Frage schwebte in der Luft. Sie konnte auch keine revolutionäre Wirkung ausüben. Die Entwaffnungsfrage in Bayern. Die „Rote Fahne" erklärte stets im Gegensatz zu Heckerts gestriger Rede, es werde immer klarer, dass man die Angelegenheit mit einem Kompromiss auf Kosten der revolutionären Arbeiterschaft Bayerns und ganz Deutschlands erledigen werde, und zwar ohne große weltpolitische Zusammenstöße und ohne Zusammenstöße zwischen der deutschen und bayerischen Regierung. Auch dafür wird Genosse Thalheimer nach 30 Jahren Artikel entdecken, die beweisen, dass die Krise in Deutschland einen ganz anderen Charakter hatte und hat wie in den Vereinigten Staaten oder in England, dass sie sich nicht so katastrophal zuspitzte, wie in diesen beiden Staaten, dass in Deutschland das ganze ökonomische Leben eine Fäulnis darstelle, und auch die Krise keine Kraft hatte, sich unter den ökonomischen Bedingungen Deutschlands so auszutoben. Die Zahl der Arbeitslosen in Deutschland ist minimal im Vergleich zu der in den Vereinigten Staaten und England.

Und die innere Konstellation, die Sozialdemokraten nehmen an der Regierung zur Hälfte teil, zur Hälfte bilden sie Opposition. Die Unabhängige Partei verfährt ebenso, und sie nähert sich immer mehr den Sozialdemokraten. Die Gewerkschaften, die bürokratische Führerschaft ist ganz gegen uns. Und welcher Schluss ist daraus zu ziehen? Derselbe Genosse sagt uns ja, es herrschte in der Arbeiterschaft ein Wall der Passivität, und es galt, diesen Wall der Passivität zu brechen durch die revolutionäre Initiative einer entschlossenen Minderheit. Heckert sagt dagegen, alles war in Aufruhr, alles war aufgewühlt. Sturm und Drang. Und dann kam die mitteldeutsche Geschichte. Der andere Genosse sagt: Alles war versumpft. Es war ein Wall der Passivität vorhanden. Wir mussten durchbrechen, koste es, was es wolle. Jedes dieser Bilder ist ja vortrefflich als ein in sich geschlossenes logisches Bild, aber ich meine, sie passen kaum zueinander. Ein anderer Genosse wieder, es war Genosse Koenen, meinte, es herrschte in Mitteldeutschland heller Aufruhr, und ringsumher herrschte Passivität. Es war Aktivität in Passivität eingekapselt. Man gewinnt aus alledem den Eindruck, dass die Mitglieder der deutschen Delegation die Sache noch immer so ansehen, dass man sie um jeden Preis verteidigen muss, nicht untersuchen, nicht analysieren, und alles, was wir hören, ist so zu sagen nur das Mittel, der Zweck ist aber, dass man die Märzaktion vor der Internationale um jeden Preis verteidigt. Das wird ja kaum gelingen, und dabei ist für mich das die Hauptsache, worauf

Genosse Thälmann hingewiesen hat. Er hat gesagt, wenn wir die Thesen und sogar die Abänderungsvorschläge nehmen, so „werden wir in unserem Lande eine Umstellung machen", und ich glaube, unser tapferer und hartnäckiger Genosse Thälmann hat damit Recht, er muss eine sehr gute Fühlung mit den Massen haben.

THÄLMANN. Jawohl, ausgezeichnete Fühlung.

TROTZKI (fortfahrend): Ich bezweifele das gar nicht, insbesondere, wenn ich den Geist der Verfassung in Betracht ziehe, in der manche GenossInnen aus Deutschland gekommen sind, oder in der sie in Deutschland manche Artikel und Broschüren veröffentlicht haben. Sie hatten ja eine ziemlich lange, unbequeme Reise nach Russland, um etwas kühler die Situation zu betrachten. Es sind die Thesen dann gekommen, die auf harten Widerstand stießen. Später folgte die mündliche Aussprache mit anderen Delegationen und auch mit der russischen, und da mussten die deutschen GenossInnen bemerken, dass die GenossInnen der Internationale die Dinge nicht mit der Brille der Deutschen ansehen. Da beginnen sie einen gewissen strategischen Rückzug anzutreten.

Es ist ja nicht zu leugnen, dass, diese Abänderungsvorschläge in erster Linie gefährlich sind, nicht darin, was sie direkt und unmittelbar zum Ausdruck bringen, sondern darin, dass sie ziemlich verkappt, in ziemlich konfuser Form diejenigen Gedanken zum Ausdruck bringen möchten, die man im Namen der Zentrale in den heißesten Tagen des Kampfes und nach dem Kampfe unter der deutschen Arbeiterschaft, im Apparat der deutschen Kommunistischen Partei verbreitete. Und Genosse Thälmann und andere GenossInnen sagen sich, wir müssen mit Thesen zurückkommen, die uns nicht desavouieren.

Wir wollen übrigens das auch nicht, wir wollen die Partei keineswegs desavouieren, denn die deutsche Partei ist eine unserer besten Parteien. Aber die ganze Auffassung der Märzaktion, die Bedingungen des Kampfes und des Sieges sind hier so aufgerollt, dass manche Artikel, manche Reden, manche Zirkulare der deutschen Zentrale, ihrer Mitglieder, als etwas ganz Schroffes und Gefährliches aufgefasst werden müssen. Das ist die Hauptsache. Sie wollen die Situation in dem Sinne beeinflussen, dass man Ihnen keinen präzise Resolution gibt, sondern eine konfuse Resolution, in die Sie allmählich den neuen Sinn, dem Sie vielleicht doch ein wenig ihr Gehör leihen möchten, allmählich und unmerklich hineininterpretieren wollen. Das ist die Hauptsache. So kann es nicht gehen. Denn wie wir die Gefahr auffassen, ist sie viel zu groß, um diesen Spielraum für das allmähliche und unmerkliche Austoben dieses Offensivgeistes zuzulassen. Darauf werden wir in keinem Fall eingehen, das ist ausgeschlossen. Ja, Sie können uns durch den Beschluss der Mehrheit des Kongresses erdrücken. Dann werden wir innerhalb des Rahmens, den uns der Kongress lassen wird, kämpfen. Aber ganz entschieden in dem Rahmen, den Sie uns lassen werden. Aber ich hoffe, dass es mit der taktischen Resolution ebenso gehen wird, wie mit der ökonomischen. Da haben auch die GenossInnen unserer deutschen Delegation aus dem linken Flügel paradieren wollen und haben diesen Thesen im Prinzip zugestimmt, doch eine Resolution unterbreitet, die ganz entschiedene Gegensätze enthielt. Dann hat sich aber erwiesen, dass sie das, was sie früher vorbringen wollten, nicht mehr wagten. Und in der Kommission sind nur ganz unbedeutende Reste geblieben. Ich glaube, ganz dasselbe wird mit den taktischen Fragen der Fall sein. Ich weiß aus eigener Erfahrung, dass es ziemlich unangenehm ist, von einem Parteikongress, von einem Internationalen Kongress desavouiert zu werden. Allein,

GenossInnen, ich glaube, dass es für Ihre Situation in Deutschland besser ist, in diese Frage Klarheit zu bringen. Ich glaube nicht, was Levi behauptet hat, dass die Partei daran zugrunde gehen wird. Allein der Kongress muss den deutschen ArbeiterInnen sagen, dass das ein Fehler war, und dass der Versuch der Partei, eine führende Rolle in einer großen Massenbewegung zu spielen, nicht glücklich war. Wir müssen es verzeichnen, dass dieser Versuch ganz unglücklich war in dem Sinne, dass er, wenn er wiederholt werden sollte, diese gute Partei wirklich zugrunde richten könnte.

THALHEIMER. Sie wissen, dass das ausgeschlossen ist.

TROTZKI. Bei Ihnen ja, nicht aber bei den Tausenden der organisierten ArbeiterInnen, die da meinten, der Kongress werde mit Jubel das begrüßen, was wir als Fehler betrachten. (Lebhafte Zustimmung.) Dasselbe gilt auch für unsere jungen französischen Freunde. In der Exekutive haben wir die Frage der Einberufung des Jahrganges 1919 erörtert, und wir haben die Frage gestellt, ob die Französische Partei nicht die Parole hätte ausgeben müssen, dass man der Einberufungsorder nicht Folge leisten soll.

Da habe ich unseren jungen Freund Laporte gefragt: wie meinen Sie das, ob diejenigen, die zu mobilisieren waren, bewaffneten Widerstand leisten sollten oder rein passiven Widerstand? Und der Genosse hat aus vollem Herzen geantwortet: aber selbstverständlich mit dem Revolver in der Hand. Ja, er meinte auch, dass er dadurch aus ganzem Herzen mit der Dritten Internationale übereinstimme, dass er dadurch der Dritten Internationale die größte revolutionäre Freude erweise und seine Pflicht erfülle, wenn er das sagt, und er meinte es auch ganz ernst und ist vollkommen bereit, mit dem Revolver gegen die Einberufung zu kämpfen. Natürlich haben wir ein Gefäß kalten Wassers auf ihn gegossen, und ich glaube, der Kamerad wird sich eines besseren besinnen. Er ist hergekommen in ein neues Milieu, das er nicht jeden Tag hat, die Ecken werden etwas abgeschliffen. Aber [wie ist es] in Deutschland, Frankreich, Ungarn: diese 2-3 Wochen, die hier in unseren Schädeln manches geändert haben, diese 2-3 Wochen, wo wir auf dem Kongress zusammenkommen! Aber dort, in den Ländern, was hat sich dort geändert? Nichts. Und diese famose Offensivphilosophie, die absolut unmarxistisch ist, ist folgendem seltsamen Geist entsprungen: Es bildet sich allmählich der Wall der Passivität heraus und das ist ein Unglück, das die Bewegung versumpft. Also auf! diesen Wall zu brechen! Ich meine, in diesem Geist hatte man im Laufe einer gewissen Zeit eine ganze Schicht der leitenden, halbleitenden GenossInnen der deutschen Partei erzogen, und sie warten, was der Kongress darüber sagen wird. Und wenn wir nun sagen, wir schleudern Paul Levi zum Fenster hinaus und über die Märzaktion nur in ganz konfusen Redensarten sagen, sie sei der erste Versuch gewesen, ein Schritt nach vorwärts, mit einem Wort, dass wir die Kritik phraseologisch verdecken, so haben wir damit unsere Pflicht nicht erfüllt. Wir sind verpflichtet, der deutschen Arbeiterschaft klipp und klar zu sagen, dass wir diese Offensivphilosophie als die größte Gefahr und in der praktischen Anwendung als das größte politische Verbrechen auffassen.

Ich bin ganz mit dem Genossen Sinowjew einverstanden und hege wie er die Hoffnung, dass wir auf diesem Kongress ganz einheitlich unsere Meinung festlegen werden, und ich glaube, dass wir in dieser hauptsächlichen, taktischen Frage keine großen Zugeständnisse an die sogenannte Linke werden machen können. Und manche GenossInnen, ich glaube, auch die französischen, waren etwas besorgt, dass man gegen die Linke kämpft; Genosse Sinowjew hat darüber gesprochen. Und glücklicherweise hat gerade in der französischen Sprache das Wort „la gauche" zweierlei Bedeutung: gauche, d. h. was links steht, und gauche was unbeholfen und plump ist. (Zuruf: linkisch). Ja, linkisch aber im schlimmen Sinne des Wortes. [Auf] Deutsch ist es auch halbwegs so. Also, ich meine, wir, die wir gegen die sogenannte Linke kämpfen, fühlen uns gar nicht rechts von dieser Linken.

Wir sehen keine Partei links von uns, denn wir sind die Internationale, die kommunistische, marxistische Internationale, wir sind die revolutionärste Partei, die es geben kann. Das bedeutet, diejenige Partei, die alle Situationen, alle Möglichkeiten auszubeuten imstande ist, und nicht nur Kämpfe zu führen, sondern auch den Sieg zu sichern vermag. Das ist das eigentliche Ziel und man vergisst manchmal, dass wir Strategie üben müssen, dass wir die Kraft des Feindes mit unseren eigenen kühlen Augen abzuschätzen, die Situation abzumessen und nicht in den Kampf zu gehen haben, um den Wall der Passivität zu brechen, oder wie ein anderer Genosse sagt: „um die Partei zu aktivieren". Dabei müssen wir selbstverständlich auch etwas Statistik treiben. Obwohl der Genosse Brand sagt, dass sich die Opportunisten viel mit Statistik beschäftigen, und wir in seiner Rede die Gegenüberstellung Schwert und Statistik gehört haben, und in einer zweiten Rede wurden uns die Opportunisten überhaupt als Beute entgegengeschleudert. Diese Einstellung ist gefährlich für unsere italienischen GenossInnen, die mit Statistik noch viel zu tun haben werden. Wenn ich im Sinne von Heckert und Thalheimer über Italien spräche, dann würde ich sagen: da hat man ein Land, in dem die Arbeiterschaft die Fabriken besetzt hat, wo die Serratiner ihren Verrat geübt haben, wo die Faschisten die Arbeiterdruckereien stürmen und die Büros in Brand stecken — wenn diese Partei nicht aufruft: „Mit aller Macht vorwärts gegen den Feind", dann ist das eine feige Partei, die vor dem Gericht der Weltgeschichte vollkommen verurteilt dastehen wird. Aber wenn wir nicht vom Standpunkt dieser phraseologischen Auffassung, sondern vom Standpunkte des kühlen Abwägens die Situation betrachten, dann werden wir sagen müssen, was Sinowjew gesagt hat. Sie müssen das Vertrauen der Arbeiterschaft von neuem gewinnen, da eben der Verrat die Arbeiterschaft viel vorsichtiger gemacht hat. Sie werden sich sagen, wir haben die Phraseologie von Serrati gehört. Der hat ungefähr dasselbe gesagt und hat sie dann verraten. Wo ist die Bürgschaft, dass die neue Partei sie nicht verrät? Sie wird von der Partei Taten sehen wollen, bevor sie unter ihrer Führerschaft in entscheidende Kämpfe gehen wird.

Wir haben hier auf dem Kongress drei einigermaßen ausgesprochene Tendenzen, drei Gruppen, die zeitweilig zu Tendenzen geworden sind und ohne deren Beachtung man das Spiel der Kräfte auf diesem Kongress nicht recht beurteilen kann. Da ist in erster Linie die deutsche Delegation, die aus dem Feuer der Märzaktion herausgekommen ist und ihre Auffassung am schärfsten in der Offensivphilosophie zum Ausdruck gebracht hat, welche selbstverständlich von manchen deutschen GenossInnen aufgegeben worden ist.

Dann die italienischen GenossInnen, die sich auf denselben Wegen befinden, selbstverständlich, weil die Partei von den Zentristen abgeprallt ist. Die italienischen GenossInnen sagen, jetzt haben wir endlich die Hände frei, jetzt können wir unsere Pflicht erfüllen, in revolutionäre Massenaktionen einzutreten und uns für den Verrat Serratis zu revanchieren. Und nun, GenossInnen, — Sie wissen, dass darüber nicht nur von Levi gesprochen worden ist, sondern auch von der kapitalistischen und unabhängigen Presse, — dass die Märzaktion von der Exekutive befohlen und Levi ausgeschlossen worden sei, weil er den Ukas nicht befolgt habe. Mancher Genosse in der französischen und tschechischen Partei fragte sich — das beweist, dass er mit dem Geist der Exekutive nicht ganz vertraut ist, aber es existieren in der Kommunistischen Internationale bei manchen GenossInnen solche Befürchtungen — vielleicht wird man mir im Namen der Exekutive auch einmal solche Befehle geben, und wenn ich sie dann nicht erfülle, dann werde ich aus der Partei ausgewiesen. Diese zwei Stimmungen existieren hier. Auch eine dritte Stimmung, die, wie wir hoffen, in unseren Thesen zum Ausdruck gekommen ist. Die sagt, dass es, selbstverständlich, Unsinn gewesen wäre, wenn die Exekutive sich auf diese taktische Philosophie der Steigerung der Kämpfe durch mehr oder minder künstliche Massenaktionen stellen wollte und Befehle in mehrere Länder schicken würde. Im Gegenteil, weil wir jetzt stark geworden sind, und weil wir dadurch vor die Aufgabe gestellt wurden als selbständige, zentralisierte Partei, die Massenbewegung zu führen, vielmehr die Schuldigkeit haben, die Situation in jedem Lande ganz genau mit kühlen Augen zu analysieren und wenn es möglich und notwendig ist, mit der ganzen Leidenschaft anzugreifen und vorzugehen. Das eben sagen die taktischen Thesen, die wir vorgeschlagen haben. In Frankreich, sagt der Genosse, gibt es keine Linken. Ja, es gibt sie nicht. Die Französische Partei befindet sich im Zustande der Mauserung. — Wenn Sie das Hauptorgan, die „Humanité" lesen, so finden Sie einen ziemlich konfusen verschwommenen Ton in der Agitation, in der Rede. Also, man findet, selbstverständlich, in der „Humanité" diejenigen — um mit dem

Genossen Bucharin zu reden — Schweinereien, die Longuet und seine engeren Freunde geschrieben haben. Es ist ein vom kommunistischen Willen getragenes Blatt. Aber dieser Wille ist nicht genügend gespannt, der kommunistische Gedanke ist nicht genügend präzisiert und klar, man sieht nicht diesen Willen, der immer die Situation im revolutionären Sinne vorwärts treiben und aufklären muss. Wenn man das in dem Hauptorgan der Partei nicht sieht, so ist es für mich ausgeschlossen, dass so eine Partei von heute auf morgen die Möglichkeit bekommt, eine große, revolutionäre Massenaktion auszulösen und zu leiten. Die erste Voraussetzung ist, dass sich in ihm der klare revolutionäre Gedanke und Wille herauskristallisiert und in der gesamten Agitation und Propaganda zum Ausdruck kommt. Dieser Prozess der Herauskristallisierung, er kann 2, 3, 6 Monate, vielleicht ein Jahr in Anspruch nehmen, das hängt von den Verhältnissen ab und wird für viele GenossInnen nicht genügend schnell vor sich gehen. Sie geben sich nicht die Rechenschaft ab von der inneren Lage dieses Prozesses, der revolutionären Mauserung einer großen Partei. Sie wollen das umgehen und es scheint, als ob ihnen nur der Vorwand mangelt, um die revolutionäre Aktion zu beginnen. Da sagen sie, Frossard und andere machen es nicht. Das ist ein ausgezeichneter Vorwand. Da beginnen wir erst recht. Der Appell der Klasse 19 — und gerade in Frankreich, wo die AnarchistInnen, SyndikalistInnen so stark sind, mit dem französischen Temperament, mit der Pariser Arbeiterklasse ist es möglich, dass mancher Teil dieser Arbeiterschaft, ein ausgezeichneter Teil, der in den großen Kämpfen ausschlaggebend sein wird, dass dieser Teil von den jüngeren, weniger erfahrenen, durch ihre Ungeduld getriebenen GenossInnen, in eine Aktion hineingetrieben wird, die für die Entwicklung in Frankreich für Jahre hinaus verhängnisvoll werden kann. Das ist die Situation. Selbstverständlich, kann man sagen, Sie greifen diesen oder jenen Genossen an. Das ist unbedeutend. Er hat eine falsche Rede gehalten. Ja, GenossInnen, wenn jeder sich ein Urteil bilden könnte, dann hätte man kein Bedürfnis, diese Internationale zu haben. Darin besteht die Aufgabe, dass man, wenn man die Gefahr sieht, sei sie noch so klein, sie scharf zum Ausdruck bringt, dass man auf sie aufmerksam macht, wenn Sie wollen, dass man sie übertreibt. Dass ich oder Sie die Gefahr übertreiben, ist doch ganz unbedeutend, also eine Mahnung mit etwas erhöhter Stimme. Aber die andere Gefahr, dass man es versäumt oder verpasst, dass diese Tendenz heranwächst und mit einer Provokation zusammenstößt, dass daraus das Feuer des Abenteuers lodert, das ist die große Gefahr. Dadurch erklärt sich auch die Leidenschaft, mit der mancher Genosse darüber spricht. Und ich werde Ihnen sagen, wenn ich mit dem einen oder anderen Genossen privatim darüber spreche und merke, er versteht mich nicht, er denkt, ich bin älter, er ist jünger, ich habe schon etwas graue Haare, er ist etwas entschlossener, er fasst es als die Frage des Temperaments auf und sagt: „Du bist zu vorsichtig", da sage ich mir: Die größte Gefahr besteht darin, dass mancher Genosse auch den Boden der Gefahr nicht versteht, dass er politisch, in revolutionärem Sinne, unerfahren ist, dass er diese Mahnung in ihrer Wirklichkeit, aber auch in ihrer Begrenztheit nicht versteht. Er meint, man rückt nach rechts. Nein, das ist nicht der Fall.

Man sagt, du bist jetzt von den Opportunisten abgeprallt und du machst diese Bewegung von innen, aber schau, auf der Welt existieren nicht nur die Opportunisten, sondern die Klassen, die kapitalistische Gesellschaft, die Polizei, die Armee, bestimmte ökonomische Verhältnisse, ein Teil mit dir, ein anderer gegen dich, der dritte ziemlich neutral, der vierte gegen dich, eine ganz komplizierte

Welt, in der sich zurechtzufinden eine große Aufgabe ist. Das musst du lernen, wenn du mir antwortest. Ja, willst du, dass ich den Kampf mit den Zentristen aufnehme. Alle die Resolutionen des I. und II. Kongresses bleiben doch bestehen. Und die ganze Tätigkeit, die wir zu entfalten haben, ist doch immer für den Opportunismus ein Schlag ins Gesicht. Aber wir haben doch nicht nur die Aufgabe, den Opportunismus immer theoretisch zu verurteilen, wir haben praktisch die kapitalistische Gesellschaft zu überwinden, die Bourgeoisie auf den Rücken zu werfen und zu töten. Das ist die Aufgabe. Und für diese Aufgabe, — ich muss das wiederholen, muss man die kühle Sprache der Statistik mit der leidenschaftlichen Sprache der revolutionären Gewalt vereinigen. Wir werden das lernen und wir werden siegen. (Lebhafter Beifall und Applaus.)

Paul Levi und manche „Linken"

Januar 1922

Pavel Levi i koj-kakie „levye", Pjat let kominterna, S. 339-344, First five years of the Communist International, Band 2, S. 85-90

Teurer Genosse![4]

Du bittest mich, meine Ansichten über die Politik der sogenannten Kommunistischen Arbeitsgemeinschaft (KAG) in Deutschland auszudrücken und beiläufig verweist Du darauf, dass Paul Levi, der Führer der Kommunistischen Arbeitsgemeinschaft, meinen Namen missbraucht und mich praktisch als seinen Gleichgesinnten beansprucht.

Ich muss freimütig gestehen, dass ich seit dem Dritten Weltkongress keinen einzigen Artikel von Levi gelesen habe, so wie ich — zu meinem ehrlichen Bedauern — viele andere viel wichtigere Sachen nicht gelesen habe. Natürlich habe ich in von Levi veröffentlichten Zeitschriften, die mir zufällig in die Hände kamen, Auszüge aus meinem Bericht an den Dritten Weltkongress gesehen. Manche GenossInnen informierten mich, dass ich fast als Mitglied von Levis Gruppe aufgeführt werde. Und wenn es sich um sehr „linke" und junge GenossIn-

---

4   Der Brief ist eine Antwort auf einen Brief an mich von einem der ältesten Genossen in Deutschland im Zusammenhang mit Levis opportunistischer Spaltergruppe. — L.T.

nen handelte, erwähnten sie es mit heiligem Entsetzen; während die, die etwas ernster waren, sich auf einen Witz beschränkten. Da ich völlig unfähig bin, mich zu den Jungen (was ich bedauere) oder zu den sehr „Linken" (was ich nicht bedauere) zu zählen, habe ich diese Nachricht überhaupt nicht tragisch genommen. Ich muss gestehen, dass ich immer noch keinen Grund sehe, meine Haltung zu ändern.

Der Natur der Sache nach schien es mir und scheint mir immer noch, dass die Entscheidung bezüglich Levi, die der Kongress in Moskau gefällt hat, völlig klar ist und keine ausgedehnten Kommentare erfordert. Durch die Entscheidung des Kongresses wurde Levi außerhalb der Kommunistischen Internationale gestellt. Diese Entscheidung wurde überhaupt nicht gegen die Wünsche der russischen Delegation angenommen, sondern im Gegenteil unter ihrer sehr sichtbaren Beteiligung, weil es niemand anders als die russische Delegation war, die die Resolution über die Taktik entwarf. Die russische Delegation handelte, wie üblich, unter der Leitung des Zentralkomitees unserer Partei. Als Mitglied des Zentralkomitees und Mitglied der russischen Delegation stimmte ich für die Resolution, die Levis Ausschluss aus der Internationale bestätigte. Gemeinsam mit unserem Zentralkomitee konnte ich keinen anderen Weg sehen. Durch seine egozentrische Haltung hat Levi seinem Kampf gegen die krassen theoretischen und praktischen Fehler im Zusammenhang mit den Märzereignissen einen so schädlichen Charakter gegeben, dass den Verleumdern unter den Unabhängigen Sozialdemokraten nichts zu tun blieb, als ihn zu unterstützen und ihm beizupflichten. Levi stellte sich nicht nur gegen die Märzfehler, sondern auch gegen die deutsche Partei und die ArbeiterInnen, die diese Fehler gemacht hatten. Er hatte solche Angst, dass der Parteizug entgleisen könnte, als er um eine gefährliche Kurve bog, dass er aus lauter Furcht und Bosheit so durchdrehte und eine solche Rettungs„taktik" empfahl, dass er dabei selbst aus dem Fenster und den Abhang hinunterflog. Andererseits wurde der Zug zwar stark durchgeschüttelt und beschädigt, kam aber ohne Entgleisung um die Kurve.

Daraufhin entschied Levi, dass die Kommunistische Internationale ihren Namen nicht verdiene, wenn sie die deutsche Kommunistische Partei nicht zwang, Levi erneut als ihren Führer zu akzeptieren. Levis Brief an den Kongress war genau in diesem Geist geschrieben. Uns blieb nichts weiter übrig, als mit den Schultern zu zucken. Eine Person, die so erhitzt über Moskaus diktatorische Herrschaft redet, fordert, dass Moskau ihn durch eine formale Entscheidung der Kommunistischen Partei aufzwingt, aus deren Reihen er sich mit so bemerkenswerter Energie hinauskatapultiert hat.

Ich will damit nicht sagen, dass ich Levi schon zur Zeit des Kongresses für unwiederbringlich verloren für die Kommunistische Internationale gehalten hätte. Ich war zu wenig vertraut mit ihm, um irgendwelche kategorischen Schlüsse in die eine oder andere Richtung zu ziehen. Ich hatte aber die Hoffnung, dass eine grausame Lektion nicht spurlos an ihm vorbeigehen werde und dass Levi früher oder später seinen Weg zurück zur Partei finden würde. Als am zweiten Tag nach dem Kongress ein Genosse, der ins Ausland aufbrach, mich fragte, was jetzt für Levi und seine Freunde zu tun bleibe, gab ich annähernd die folgende Antwort: „Ich fühle mich überhaupt nicht aufgerufen, Levi einen Rat zu erteilen. Ich würde ihm aber empfehlen, zu verstehen, dass der Ausschluss des früheren Parteivorsitzenden, der vom Weltkongress bestätigt wird, keine Tatsache ist, die man durch Hysterieanfälle korrigiert. Wenn Levi nicht bereit ist, im Sumpf der Unabhängigen Sozialdemokratischen Partei zu ertrinken, muss er sich der Entscheidung still unterwerfen, die hart ist, die er aber selbst provoziert hat, und, während er außerhalb der Partei bleibt, weiterhin als Basissoldat für die Partei arbeiten, bis sie ihm wieder ihre Türe öffnet."

Ich hatte um so weniger Grund, eine besondere Erklärung bezüglich Levi abzugeben, weil der Brief des Genossen Lenin an den Jenaer Parteitag der deutschen Kommunistischen Partei[5] genau und vollständig die Sichtweise ausdrückte, die ich zusammen mit dem Genossen Lenin auf dem Weltkongress verteidigte, nicht nur in den Plenarsitzungen, sondern besonders in Kommissionssitzungen und während Konferenzen mit verschiedenen Delegationen. Die deutsche Delegation ist sich darüber sehr im Klaren. Aber als ich hörte — und dies geschah zwei oder drei Wochen nach dem Kongress — dass Levi, statt geduldig wieder den Abhang hochzuklettern, laut zu verkünden begann, das der Kurs der Partei und der ganzen Internationale genau dorthin gelenkt werden müsse, wohin er, Paul Levi, gepurzelt war, und dass daher Levi begann, eine ganze „Partei" auf der Grundlage dieser egozentrischen Geschichtsphilosophie aufzubauen, musste ich mir sagen, dass die Kommunistische Bewegung kein anderes Mittel habe — so bedauerlich es sein mag — als Levi endgültig abzuhaken.

Beiläufig sollte ich erwähnen, dass ich bei einer Gelegenheit versuchte, gewisse angebliche „Missverständnisse" bezüglich meiner Position zu entwirren, die nicht nur von

5   Lenin, „Brief an die deutschen Kommunisten", 14. August 1921, Lenin Werke, Band 32, S. 57-548, hier S. 540-44. Der Jenaer Parteitag im August 1921 bestätigte die Beschlüsse des III. Kominternkongresses

Levis Anhängern, sondern auch von manchen „Linken" zusammengebraut wurden. Dies war zur Zeit des Jenaer Parteitags. Ich habe nicht ohne Verwunderung erfahren, dass sich dieser Parteitag mit größter Unbestimmtheit von gewissen nicht näher angeführten Ansichten von mir abgegrenzt hat, während er sich gleichzeitig völlig mit den Resolutionen des Dritten Kongresses solidarisierte. Aber zwischen dem Kongress und mir gab es überhaupt keine Meinungsverschiedenheiten. Aber nachdem ich darüber nachdachte, nahm ich das nicht ernst. Während dem Kongress selbst versuchte eine Gruppe von Linken, die die Internationale scharf zurückgepfiffen hatte, das Ausmaß ihres Rückzugs zu vertuschen: „Wir machen in der Tat einen Rückzug nach rechts, wir werden aber nie — Gott behüte! — so weit nach rechts wie Trotzki gehen." Zu diesem Zweck versuchten die linken Strategen, denen ich bei der Ausübung meiner Parteipflicht mehrmals auf dem Kongress auf die Zehen treten musste, die Sache so darzustellen, als ob meine Position in mancher Hinsicht, die sie allein verstanden, „rechts" von der Position des Dritten Kongresses wäre, wie sie unter anderem in der Resolution über die wirtschaftliche und internationale Lage zum Ausdruck kam, die der Genosse Varga und ich geschrieben hatten. Das war nicht leicht zu beweisen und tatsächlich versuchte niemand, es zu beweisen. Selbst vor der Eröffnung des Kongresses musste das Zentralkomitee unserer Partei gewisse linke Abweichungen in unserer eigenen Mitte korrigieren.[6]

Die Resolution über die internationale Lage und die Taktik wurde von unserem Zentralkomitee sorgfältig bearbeitet. Am Vorabend des Weltkongresses und nach seinem

---

6 *Diese linken Abweichungen bestanden darin, dass gewisse GenossInnen nicht im Voraus sahen, wie gefährlich die putschistischen Tendenzen und Tendenzen von Abenteurertum in der Komintern selbst für die Entwicklung der proletarischen Revolution selbst sein könnten. — L.T.*

Abschluss machte ich zwei Berichte vor unserer Moskauer Parteiorganisation — der sowohl ideologisch als auch organisatorisch stärksten — in denen ich die Haltung des Zentralkomitees in den auf dem Kongress strittigen Fragen verteidigte. Die Moskauer Organisation bestätigte unsere Sichtweite aus ganzem Herzen und völlig. Beide meine Moskauer Berichte sind seitdem auf Deutsch als Buch „Die neue Etappe" erschienen. Wenn manche Linke weiter schwatzen, dass ich entweder anerkenne oder dazu neige, anzuerkennen, dass der Kapitalismus sein Gleichgewicht wieder hergestellt habe und dass daher die proletarische Revolution in die entfernte Zukunft vertagt sei, dann kann ich nur erneut mit den Schultern zucken. Immerhin ist es notwendig, etwas schlüssiger zu denken und sich auszudrücken. Aus all diesen Gründen betrachtete ich die oben erwähnte Jenaer Resolution nur als das letzte Echo der März-Verwirrung und harmlose Rache der „Linken" für die harten Lektionen, die ihnen auf dem Dritten Kongress erteilt wurden.

In dieser Periode hatte ich zwei- oder dreimal die Gelegenheit, mich — zugegeben, sehr oberflächlich — mit den Schriften von Genossen Maslow und seinen engsten GesinnungsgenossInnen vertraut zu machen. Ich weiß nicht, ob man sie gleichfalls abhaken muss, das heißt, ob man alle Hoffnung aufgeben muss, dass diese GenossInnen etwas lernen können; aber man muss auf jeden Fall bekräftigen, dass sie auf dem Kongress gar nichts gelernt haben. Sie verwandeln Marx' Geschichtstheorie in einen Automatismus und als Dreingabe fügen sie ihm ungehemmten revolutionären Subjektivismus hinzu. Elemente dieser Art gehen leicht bei der allerersten Wendung der Ereignisse in ihr Gegenteil über. Heute predigen sie, dass die Wirtschaftskrise unfehlbar und ununterbrochen bis zur Diktatur des Proletariats schlimmer werden muss.

Aber morgen werden sich viele von ihnen in Reformisten verwandeln, falls ihnen eine Verbesserung der Wirtschaftskonjunktur einen Nasenstüber verpasst. Die Kommunistische Partei Deutschlands hat ihre Märzlektion zu teuer bezahlt um eine Wiederholung von ihr zuzulassen, selbst in verwässerter Form. Nebenbei scheint es mir, dass es sehr zweifelhaft ist, dass die Linken immer noch die selben Stimmungen haben, mit denen sie in die Märzkämpfe gingen und andere aufforderten, ihnen zu folgen. Sie haben vor allem ihre Vorurteile behalten und scheinen es als Ehrensache zu betrachten, die Phrasen und die theoretische Verwirrung des März zu verteidigen. Durch diese Sturheit hindern sie die deutschen ArbeiterInnen am Lernen. Es ist unzulässig, das hinzunehmen. Nach allem, was seit dem Weltkongress passierte, habe ich keinen Grund, über Levis Verhalten bei der Veröffentlichung der Dokumente bezüglich der Märzkämpfe erstaunt zu sein. Die falschen taktischen Ansichten, die in den Märzereignissen zum Ausdruck kamen, führten natürlich zu bestimmten praktischen Folgen. Die Irrigkeit der Taktik fand ihren Ausdruck darin, dass eine ganze Reihe ausgezeichneter ParteiarbeiterInnen Fehler und Dummheiten beging. Der Kongress verurteilte die Fehler und wies auf den richtigen Weg hin. Der wichtigste und wertvollste Teil jener GenossInnen, die seinerzeit Fehler begingen oder ihnen zustimmten, unterwarfen sich dem Kongress nicht aus Furcht, sondern aus Überzeugung. Nach der Vollendung dieser heilsamen und erzieherischen Arbeit Dokumente aus der eigenen oder anderer Leute Tasche zu ziehen (es läuft auf das selbe hinaus) — Dokumente, die nicht länger jemanden etwas Neues lehren, sondern nur dem bürgerlichen und sozialdemokratischen Abschaum große moralische Befriedigung geben können — das zu tun, bedeutet, nicht nur politisch, sondern auch persönlich zu fallen.

Den selben Charakter blinder Rachsucht hat es, wenn Paul Levi verspätet Rosa Luxemburgs kritischen Artikel gegen den Bolschewismus veröffentlicht. Im Verlauf der letzten paar Jahre mussten alle von uns viele Dinge klären und unter den direkten Schlägen der Ereignisse viel lernen. Rosa Luxemburg leistete diese ideologische Arbeit langsamer als andere, weil sie die Ereignisse von der Seite, aus den Zellen deutscher Gefängnisse, betrachten musste. Ihr kürzlich veröffentlichtes Manuskript[7] stellt nur ein bestimmtes Stadium in ihrer geistigen Entwicklung dar und ist daher biographisch, aber nicht theoretisch interessant. Seinerzeit lehnte Levi unnachgiebig die Veröffentlichung dieses Büchleins ab. Während vier Jahren Sowjetrevolution war dieses Manuskript hinter Schloss und Riegel. Aber als Levi die Bewegungskräfte falsch einschätzte und aus dem Parteizug und die Böschung hinunterfiel, entschied er, den selben Nutzen aus dem alten Dokument zu ziehen wie aus den „enthüllenden" Dokumenten aus den Taschen anderer. Dadurch hat er nur erneut gezeigt, dass alle Dinge — sowohl positive als auch negative — Bedeutung für ihn nur in Abhängigkeit davon erlangen, welchen Bezug sie zu Paul Levi persönlich haben. Er ist das Maß aller Dinge. Was für eine monströse intellektuelle Egozentrik! Die Person Levi ist Levis psychologischer Ausgangspunkt für seine politische Haltung gegenüber der deutschen Kommunistischen Partei und gegenüber der ganzen Internationale.

---

7   *Rosa Luxemburgs Schrift „Die russische Revolution" vom Sommer 1918 verteidigte die Oktoberrevolution gegen die Kritik Kautskys. Dabei stimmte sie bis hin zu Formulierungen mit Lenins Kritik in „Die proletarische Revolution und der Renegat Kautsky" (Lenin Werke, Band 28, S. 225-327) überein, die sie damals nicht kannte. Diese Schrift Lenins zeigt auch, dass sie bei ihrer Verteidigung der „sozialistischen Demokratie" (oder „Arbeiterdemokratie", wie es Lenin nannte) bei Lenin offene Türen einrannte. Dagegen irrte sie sich in ihrer Kritik an der bolschewistischen Politik gegenüber der Bauernschaft, den nationalen Minderheiten und der Konstituierenden Versammlung. Siehe Wolfram Klein, Die Russische Revolution 1917. Köln 2000, S. 81-89*

Die von Levi geschaffene Organisation muss der Natur der Dinge nach all jene anziehen, die zufällig in die Reihen der Kommunistischen Partei gerieten und die besonders nach den Märzunruhen den ersten passenden Vorwand brauchen, um sich selbst zu verdrücken. Es wäre viel zu peinlich für sie, direkt zu den Unabhängigen Sozialdemokraten zurückzukehren. Für diese müden Pilger hat Levi etwas in der Art eines Sanatoriums oder Erholungsheims für Kritiker eingerichtet. Der Name ist KAG. Die deutsche Arbeiterklasse kann mit dieser Einrichtung nichts anfangen. Sie hat schon ihre eigene revolutionäre Partei. Letztere hat immer noch keineswegs alle ihre Wachstumsschwierigkeiten überwunden. Für sie stehen immer noch schwere Tests und Prüfungen bereit, sowohl von außen als auch von innen. Aber sie ist die wirkliche Partei der deutschen Arbeiterklasse. Sie wird wachsen und sich entwickeln. Sie wird siegen.

Bericht über den Vierten Weltkongress

28. Dezember 1922

auf einer Versammlung der Kommunistischen Fraktion des 10. Allunionskongresses der Sowjets unter Beteiligung parteiloser Delegierter, 28. Dezember 1922, Auszüge, pjat let kominterna, S. 537-563, hier S. 550, 552-556, The first five years of the Communist International, Band 2, S. 304-333, hier S. 319, 321-26

Die Kommunistische Internationale steht nach dem vierten Kongress vor zwei eng verbundenen Aufgaben. Die erste Aufgabe ist die Fortsetzung des Kampfes gegen die zentristischen Strömungen, die die wiederholten und hartnäckigen Versuche der Bourgeoisie mit Hilfe ihres linken Flügels ausdrücken, den langgezogenen Charakter der revolutionären Entwicklung zu nutzen, um in der Kommunistischen Internationale Wurzeln zu schlagen. Der Kampf gegen den Zentrismus innerhalb der Kommunistischen Internationale und die weitere Reinigung dieser Weltpartei — dies ist die erste Aufgabe. Die zweite ist der Kampf um den Einfluss auf die überwältigende Mehrheit der Arbeiterklasse. (...)

Wie ihr wisst, ergibt sich die Parole der Einheitsfront aus zwei Ursachen. Erstens sind wir Kommunistinnen immer noch eine Minderheit in Frankreich, in Deutschland, in jedem Land Europas mit der Ausnahme von Bulgarien und vielleicht der Tschechoslowakei beeinflussen und kontrollieren wir weniger als die Hälfte des Proletariats. Zusätzlich hat die revolutionäre Entwicklung angefangen sich zu verlangsamen; das Proletariat will leben und kämpfen, findet sich aber gespalten. Unter diesen Bedingungen müssen die KommunistInnen das Vertrauen der Arbeiterklasse erobern. Auf welcher Grundlage? Auf der Grundlage des Kampfes in seinem ganzen Umfang. Auf der Grundlage der gegenwärtigen täglichen Kämpfe, auf der Grundlage jeder Forderungen, bei jedem Streik, auf jeder Demonstration. Die KommunistInnen müssen in vorderster Front stehen. Die KommunistInnen müsse das Vertrauen derjenigen erobern, die ihnen heute immer noch nicht trauen. Daher die Parole der Einheitsfront; daher der innere Zusammenhang, der Ausschluss von allem, was uns geistig fremd ist, aus unseren Reihen und der gleichzeitige Kampf, die proletarischen Elemente zu gewinnen, die immer noch den Karrieristen, Opportunisten, Freimaurern und dergleichen vertrauen. Dies ist eine doppelte, aber eng verbundene Aufgabe. Die französischen KommunistInnen, besonders die Zentristen, die unter dem Druck der Dissidenten, das heißt der französischen Sozialisten, Freimaurer in ihren Reihen geduldet hatten und die Taktik der Einheitsfront zurückgewiesen hatten, haben vorgeschlagen, die Taktik der Einheitsfront in Verbindung mit der Forderung nach politischer Amnestie anzuwenden. Ich führe Frankreich an, weil die Frage in diesem Land ihren schärfsten Ausdruck fand.

Als Frossard, der Sekretär der französischen Partei, im Namen der KommunistInnen den Dissidenten, das heißt den Sozialisten, Patrioten, Reformisten vorschlug, dass sie eine gemeinsame Aktion machen, um Amnestie für revolutionäre ArbeiterInnen zu erlangen, die während dem

Krieg oder der Nachkriegsperiode in Gefängnis geworfen worden waren — sobald dieser Vorschlag gemacht wurde, antworteten die gerissensten Führer der Dissidenten sofort auf eine Weise, die typisch und höchst lehrreich ist. Wir haben die Antwort schon anderswo gehört und werden sie immer hören. Die Dissidenten sagten: „Ihr Kommunisten habt euch an uns gewandt und folglich dadurch akzeptiert, dass wir keine Verräter an der Arbeiterklasse sind. Aber wir brauchen Zeit, um über euer Angebot nachzudenken; und um zu schauen, ob ihr etwa einen Dolch im Gewande habt; oder vielleicht vor habt, uns zu diskreditieren." Ich entnehme den Zeitungen, dass in Den Haag Genosse Radek laut Berichten sehr unhöfliche Artikel über Vandervelde und Scheidemann geschrieben hat und gleichzeitig den örtlichen Sozialdemokraten und Anhängern Amsterdams eine Einheitsfront gegen Militarismus und die Kriegsgefahr anbot.

Da ich den schlechten Charakter des Genossen Radek kenne, räume ich gerne ein, dass sein Artikel nicht sehr höflich war. Aber die Reaktion der Herren Amsterdamianer war sehr typisch: Sehr her", sagten, sie, „das kann nur zweierlei bedeuten. Entweder müsst ihr zugeben, dass wir keine Verräter sind, wenn ihr uns eine Einheitsfront vorschlagt, oder wir werden fest überzeugt sein, dass ihr nicht nur respektlose Artikel, sondern Dolche und Schlimmeres im Gewande versteckt."

GenossInnen, diese Haltung stellt natürlich das schlagendste Eingeständnis des Bankrotts dar. Als ich das las, erinnerte mich das an Kommentare gewisser geistreicher Pariser in der Periode unserer Emigration, als die Sozialdemokraten eine Debatte mit Burzew[8] vorschlugen. Nach

---

8 *Burzew war Mitglied der Sozialrevolutionäre, Spezialist für das Entlarven von zaristischen Provokateuren in der revolutionären Bewegung. Im Ersten*

ihnen lehnte Burzew die Debatte mit Worten ab, die darauf hinausliefen: „Ich bin ein alter weiser Vogel und ihr könnt mich nicht fangen. Was ihr mit einer Diskussion wollt, ist meine schwachen geistigen Fähigkeiten zu entlarven, aber ich gehe euch nicht auf den Leim."

Die Herren der Zweiten Internationale sind gerissener als Burzew, aber sie gehen in die selbe Falle. Denn woraus besteht der Dolch in unserem Gewande? Er besteht darin, dass wir sagen, dass diese Leute unfähig zum Kampf sind, unfähig zur Verteidigung der Interessen des Proletariats. Und wir wenden uns an ihre Armee, des heißt an die ArbeiterInnen, die ihnen noch folgen und ihnen vertrauen und sagen ihnen: „Wir schlagen euren Führern eine gewisse Weise vor, gemeinsam für den Achtstundentag, für politische Amnestie und gegen Lohnsenkungen zu kämpfen. Was ist unser Dolch? Dass, wenn ihr Amsterdamer und Sozialdemokraten euch in diesem Kampf als Feiglinge und Verräter erweist, ein Teil eurer ArbeiterInnen zu uns übergehen wird. Aber wenn ihr euch entgegen unserer Erwartungen als revolutionäre Tiger und Löwen erweist, dann ist es um so besser für euch. Versucht es."

Das ist unser Köder. Unsere Falle ist einfach, sie ist so einfach, dass sie zugleich unwiderstehlich. Es ist unmöglich, ihr ein Schnippchen zu schlagen. Es macht nichts, ob Burzew zustimmt oder ablehnt, mit uns zu diskutieren, weil er Angst hat, dass rauskommt, dass er nichts taugt. Ich jedem Fall taugt er nichts und hat keinen Ausweg. Mit anderen Worten: Die Parole der Einheitsfront, die schon in allen europäischen Ländern eine ungeheure Rolle bei der Aufklärung der Arbeitermassen über die Kommunis-

---

Weltkrieg wurde er Sozialpatriot, nach der Oktoberrevolution Konterrevolutionär.

tInnen. Sie macht den ArbeiterInnen, die den KommunistInnen noch nicht trauen, folgenden Vorschlag:

„Ihr glaubt nicht an revolutionäre Methoden und die Diktatur. Gut. Aber wir KommunistInnen schlagen euch und
eurer Organisation vor, dass wir Seite an Seite kämpfen,
um die Forderungen durchzusetzen, die ihr heute
aufstellt."

Das ist ein unschlagbares Argument. Es klärt die Massen
über die KommunistInnen auf und zeigt ihnen, dass die
kommunistische Organisation auch für Teilkämpfe die beste ist. Ich wiederhole, dass wir in diesem Kampf größere
Erfolge erzielt haben. Und neben dem wachsenden inneren Zusammenhalt der kommunistischen Parteien beobachten wir das Wachstum ihres politischen Einflusses und
ihre wachsende Fähigkeit zu manövrieren, wirklich zu manövrieren. Das ist etwas, was ihnen besonders gefehlt hat.

Aus der Einheitsfront ergibt sich die Parole der Arbeiterregierung. Der vierte Kongress unterzog sie einer gründli-
chen Diskussion und bestätigte sie erneut als die zentrale
politische Parole für die nächste Periode. Was bedeutet
dieser Kampf für eine Arbeiterregierung? Wir KommunistInnen wissen natürlich, dass eine wirkliche Arbeiterregierung in Europa errichtet werden wird, nachdem das
Proletariat die Bourgeoisie zusammen mit ihrer demokratischen Maschinerie stürzt und die proletarische Diktatur
unter der Führung der Kommunistischen Partei errichtet.
Aber um dies herbeizuführen, ist es notwendig, dass das
europäische Proletariat mehrheitlich die kommunistische
Partei unterstützt.

Das ist noch nicht so und so sagen unsere kommunistischen Parteien bei jeder passenden Gelegenheit: „Sozial-

demokratische ArbeiterInnen, syndikalistische, anarchistische und parteilose ArbeiterInnen! Löhne werden gekürzt; immer weniger bleibt vom Achtstundentag; die Lebenshaltungskosten schnellen empor. Solche Sachen würde es nicht geben, wenn sich alle ArbeiterInnen trotz ihrer Differenzen vereinigen und ihre eigene Arbeiterregierung einsetzen würden."

Und so wird die Parole der Arbeiterregierung ein Kein, der von den KommunistInnen zwischen die Arbeiterklasse und alle anderen Klassen getrieben wird; und insoweit die führenden Kreise der Sozialdemokratie, die Reformisten, mit der Bourgeoisie verbunden sind, wird dieser Keil immer mehr bewirken, dass die linken sozialdemokratischen ArbeiterInnen von ihren Führern weggezogen werden, und er bewirkt das bereits. Unter gewissen Bedingungen kann die Parole der Arbeiterregierung Wirklichkeit in Europa werden. Das heißt, ein Augenblick kann kommen, wenn die KommunistInnen zusammen mit den linken Elementen in der Sozialdemokratie eine Arbeiterregierung errichten werden, ähnlich wie bei uns in Russland, als wir zusammen mit den Linken Sozialrevolutionären eine ArbeiterInnen- und Bauernregierung schufen. Solch eine Phase würde einen Übergang zur proletarischen Diktatur darstellen, zur vollen und vollständigen. Aber jetzt liegt die Bedeutung der Parole einer Arbeiterregierung nicht so sehr in der Weise und der Bedingungen ihrer Verwirklichung im Leben als darin, dass diese Parole gegenwärtig die Arbeiterklasse insgesamt politisch allen anderen Klassen entgegenstellt, das heißt allen Gruppierungen der bürgerlichen politischen Welt.

Auf dem Vierten Kongress standen wir konkret der Frage einer Arbeiterregierung im Hinblick auf Sachsen gegenüber. Dort stellen die Sozialdemokraten zusammen mit den KommunistInnen eine Mehrheit gegen die Bourgeoisie im sächsischen Landtag dar. Ich glaube, es gibt dort 40 sozialdemokratische Abgeordnete und 10 kommunistische Abgeordnete, während der ganze bürgerliche bloc weniger als 50 umfasst. Und so schlugen die Sozialdemokraten den KommunistInnen eine gemeinsame Bildung einer Arbeiterregierung in Sachsen vor. Es gab in dieser Frage manche Zweifel und Schwankungen in unserer deutschen Partei. Die Frage wurde hier in Moskau überprüft und eine Entscheidung getroffen, den Vorschlag abzulehnen. Was wollen die deutschen Sozialdemokraten wirklich? Was bezweckten sie mit diesem Vorschlag? Ihr alle wisst, dass an der Spitze der Republik der Sozialdemokrat Ebert steht. Unter Ebert gibt es eine bürgerliche Regierung, die von Ebert an die Macht berufen wurde. Aber in Sachsen, einem der am meisten proletarisierten Teile Deutschlands wird vorgeschlagen, eine Arbeiterkoalitionsregierung aus Sozialdemokraten und KommunistInnen zu bilden. Das Ergebnis wäre: eine wirklich bürgerliche Regierung in Deutschland, im Land insgesamt, während es im Landtag eines der Teile von Deutschland als Blitzableiter eine sozialdemokratisch-kommunistische Koalitionsregierung gäbe.

Wir, die Komintern, antworteten folgendes: Wenn ihr, GenossInnen, deutsche KommunistInnen der Meinung seid, dass in den nächsten paar Monaten eine Revolution in Deutschland möglich ist, dann würden wir euch raten, in Sachsen an einer Koalitionsregierung teilzunehmen und eure Ministerposten in Sachsen für die Förderung der politischen und organisatorischen Aufgaben und für die Umgestaltung Sachsen in eine Art kommunistisches Aufmarschgebiet zu nutzen, um auf diese Weise schon in der Vorbereitungsperiode für den herannahenden Ausbruch der Revolution eine revolutionäre Hochburg zu festigen. Aber das wäre nur möglich, wenn der Druck der Revolution schon spürbar wäre, nur wenn sie schon da wäre. In diesem Fall würde es nur die Einnahme einer ersten Stellung in Deutschland bedeuten, das ihr als Ganzes bekommen müsst. Aber gegenwärtig werdet ihr in Sachsen natürlich die Rolle eines Anhängsels, eines ohnmächtigen Anhängsels spielen, weil die sächsische Regierung selbst ohnmächtig gegenüber Berlin ist und Berlin ist — eine bürgerliche Regierung. Die Kommunistische Partei Deutschlands stimmte dieser Entscheidung völlig zu und die Verhandlungen wurden abgebrochen. Der Vorschlag der Sozialdemokraten an die KommunistInnen — die viel schwächer als die Sozialdemokraten sind und von diesen Sozialdemokraten verfolgt werden — mit ihnen die Macht in Sachsen[9] zu teilen, ist natürlich eine Falle. Aber in dieser Falle drückte sich der Drang der Arbeitermassen nach Einheit aus. Dieser Druck wurde von uns erzeugt; und insoweit dieser Druck die Arbeiterklasse von der Bourgeoisie wegzieht, wird er letztlich für uns arbeiten. (…)

---

9   *In der revolutionären Lage 1923 wurde dann doch eine Arbeiterregierung in Sachsen gebildet. „Bedauerlicherweise war letztere übermäßig vom „Arbeiteraufbau" eingenommen, statt ihre Lage für die Leitung der Vorbereitung des Bürgerkriegs auszunutzen" (aus der Fußnote zur russischen Ausgabe von pjat let kominterna 1924)*

Revolutionsaussichten in Deutschland

20. Oktober 1923

Bericht an den Gewerkschaftskongress der Transportarbeiterinnen, auf französisch erschienen in Cahiers Leon Trotsky, Heft 55, 1995

GenossInnen!

[...] Zunächst und vor allem gibt es die deutsche Revolution: [...] alle Fragen treten jetzt gegenüber dem Einfluss der Ereignisse von kolossaler Bedeutung in den Hintergrund, die ihr Zentrum in Deutschland haben. [...] Das Verhalten von Amerika wie das von Europa hängen zunächst und vor allem unmittelbar und direkt von der Richtung ab, die die Ereignisse sich in Deutschland entwickeln werden, wie sie sich wenden werden und wo sie enden werden.

Während mehrerer Monate haben wir gewisse Vorschläge diskutiert, wie sich der Rhythmus der deutschen Ereignisse entwickeln wird. Aber heute, GenossInnen, geht es nicht mehr nur ums Reden. Die Ereignisse entwickeln sich in Deutschland und sind miteinander durch ein System von Fäden verbunden. Und wenn wir uns jetzt Deutschland anschauen, sogar durch die Linsen der Telegramme der [sowjetischen Nachrichtenagentur] Rosta, der deutschen Presse und unserer Presse — das heißt, wenn wir sie von ferne betrachten — sehen wir klar und ausgeprägt einen genauen Mechanismus der revolutionären Ereignisse, die sich gerade entwickeln. Deutschland ist schon in eine Periode der unmittelbaren und direkten Revolution eingetreten, das heißt des Kampfes um die Staatsmacht zwischen den Grundklassen der Gesellschaft. Natürlich werde ich euch nicht im Detail die Bedingungen vorstellen, die die Revolution möglich machen und die ihren Erfolg garantieren. Ich werde nur die großen Linien skizzieren. Damit die proletarische Revolution möglich ist, braucht man vor allem ein gewisses Entwicklungsniveau der Produktivkräfte, zweitens muss das Proletariat eine gewisse zahlenmäßige Bedeutung haben und eine gewisse Rolle in der Produktion spielen; und drittens braucht man das, was man die subjektive Bedingung nennt, das heißt, das Proletariat muss die Macht übernehmen wollen und wissen, wie man das macht. Deutschland ist seit sehr vielen Jahren für die proletarische Revolution reif. Die industrielle Technik in Deutschland ist fortgeschrittener und konzentrierter als jede andere auf der Welt und kann sogar den Vergleich mit Amerika aushalten. Das deutsche Industrieproletariat, das 15 Millionen von einer Bevölkerung von 60 Millionen (einschließlich Kinder und alter Menschen) zählt stellt die ungeheure Mehrheit der BewohnerInnen des Landes dar. Man muss die drei Millionen LandarbeiterInnen hinzufügen. Ich wiederhole, wir haben hier ein Land, in dem das Proletariat die erdrückende Mehrheit der Bevölkerung darstellt. Aber was die subjektiven Bedingungen der Revolution betrifft — die Notwendigkeit, dass das Proletariat die Macht übernehmen will und weiß, wie man das macht — diese Bedingungen fehlten. Sie fehlten vor dem imperialistischen Krieg, das ist der Grund, warum es diesen Krieg gegeben hat. Sie fehlten im November 1918, als nach der Niederlage der deutschen Armee die Macht in die Hände der Sozialdemokraten gegangen ist. In dieser Epoche rückte die Arbeiterklasse auch spontan in Richtung Macht vor, aber in den vorangegangen Jahren hatte sie aus ihren eigenen Reihen einen Partei-Überbau geschaffen, die sozialdemokratische Partei, die die Elite der Arbeiterklasse aufsaugte; und dieser Überbau wurde in seiner Entwicklung zum Gefangenen der herrschenden Klassen und verwandelte sich in einen Apparat für die Beherrschung und Eindämmung der Arbeiterklasse. Und wir hatten in Deutschland die Lage, dass das Proletariat durch die Vermittlung der Sozialdemokraten an der Macht war, aber die Sozialdemokratien, nachdem sie an die Macht gekommen waren, sich nicht als revolutionäre VertreterInnen des Proletariats sondern als politische Agentur der Bourgeoisie verstanden. Das war der Sinn der Revolution des 9. November 1918. Entsprechend ihrem ganzen Charakter und ihrem Geist hat die deutsche Sozialdemokratie die Macht Schritt für Schritt an die Bourgeoisie übergeben.

Und nur weil die innere Lage in ihren wirtschaftlichen und finanziellen Aspekten immer verzweifelter wurde hat die Bourgeoisie erneut die Sozialdemokraten an die Macht geholt und erneut ein Bündnis mit ihr gebildet.

Das ist die Geschichte der letzten Monate, wo eine Koalition zwischen der Bourgeoisie und den Sozialdemokraten formell an der Macht in Deutschland war. Die Kommunistische Partei Deutschlands wurde erst nach der Niederlage im Krieg gegründet, hervorgegangen aus Gruppen im Untergrund. Im Unterschied zu unserer Partei mit ihrer revolutionären Tradition von einem Vierteljahrhundert und ihrer in der Untergrundarbeit erworbenen Härte ist die Kommunistische Partei Deutschlands, das heißt die wirkliche revolutionäre Partei des Proletariats, ein Geschöpf der letzten Jahre. Die deutsche Arbeiterklasse wurde im November 1918 getäuscht. Es ist natürlich, das sie eine abwartende Haltung gegenüber der Kommunistischen Partei Deutschlands hat: sie lässt sie ihr Gesicht zeigen, sich in der Aktion beweisen und das Vertrauen der ArbeiterInnen erringen. Mit der revolutionären Ungeduld einer jungen Partei hat die Kommunistische Partei versucht, die Macht ohne Vorbereitung zu übernehmen. Das war im März 1921. Das war ein grausamer Irrtum. Der Dritte Kongress der Kommunistischen Internationale im Juli 1921 hat der deutschen Partei eine ebenso harte wie heilsame Lektion erteilt. Er hat den deutschen GenossInnen gesagt: „Eure Aufgabe besteht nicht im direkten Kampf um die Macht, sondern im Kampf, das Vertrauen der Arbeiterklasse zu erobern."

Manchen deutschen GenossInnen wie manchen russischen GenossInnen schien diese Lehre des III. Kongresses opportunistisch, mäßigend und überhaupt nicht revolutionär, aber heute gibt es in Deutschland keinen einzigen Kommunisten, der nicht erkannt hat, dass diese Lektion heilsam war. Seitdem — 1921, 1922 und 1923 — hat die deutsche Kommunistische Partei die bolschewistische Taktik voll gemeistert, das heißt die Verbindung der echten revolutionären Entschlossenheit mit dem Realismus beim soliden Berechnen des Stands der Beziehungen und Perspektiven. Unter der Parole der Arbeitereinheitsfront und dann der ArbeiterInnen- und Bauernregierung ist die deutsche Partei dabei, Schritt für Schritt das Vertrauen von immer wichtigeren Teilen der Arbeiterklasse zu gewinnen. Und nach der Ruhrbesetzung durch Frankreich, im Verlauf des letzten Jahres, als die deutsche Wirtschaft, die des Stahls und der Kohle beraubt ist, endgültig in eine Sackgasse getrieben ist, als der verzweifelte Charakter der Lage immer offensichtlicher geworden ist, als die verzwei-

feind kämpfenden bürgerlichen Parteien alle Ressourcen verloren haben — in dieser Periode erschien die Kommunistische Partei der Arbeiterklasse immer mehr als die einzige Leitung, die einzige mögliche Rettung, nicht nur für das Proletariat, sondern für das ganze deutsche Volk.

Seit diesem Augenblick und besonders seit Juli diesen Jahres ist es klar geworden, dass die deutsche Revolution an die Tore der Geschichte klopft. Und jetzt stellt sich die Frage: Wann kommt der entscheidende Augenblick? Nachdem die deutsche Kommunistische Partei das Vertrauen der Mehrheit der Arbeiterklasse gewonnen hat, wird sie sich fähig erweisen, wird sie die Härte, die Macht, den Willen, die Entschlossenheit besitzen, um einen bewaffneten Aufstand zu machen und im Kampf die Macht zu übernehmen? Diese Periode war gekennzeichnet durch Diskussionen und Debatten darüber, was eine Revolution ist — was eine bewaffnete Erhebung darstellt. Während einer gewissen Zeit hat die deutsche Kommunistische Partei ungeduldig die Revolution als etwas Objektives und Wichtiges betrachtet, das kommen wird. Die bewusstesten Elemente in ihren Reihen und in der Komintern selbst stellten die Frage so: Die Revolution ist schon angekommen, sie ist schon um uns, aber gerade damit sie nicht an uns vorbei gehe oder über unsere Köpfe springe müssen wir als Partei uns die unmittelbare Aufgabe stellen, den Feind in einem offenen revolutionieren Kampf zu zermalmen. Um den Feind zu zermalmen muss man ihm eine organisierte Kraft entgegenstellen. Man muss einen Kampfplan haben und schließlich muss man gewisse Etappen des Kampfes hinter sich haben, man muss von der Ebene der Agitation, der Propaganda und der Voraussage der Ereignisse zu militärischen — revolutionären — Schlägen übergehen, einen bewaffneten Aufstand machen und die Macht nehmen.

Der Übergang von der Agitation und Propaganda zum direkten und unmittelbaren Kampf um die Macht ist immer ein sehr schmerzhafter Prozess für jede revolutionäre Partei. Es ist eine Sache, um Einfluss auf die Massen zu kämpfen, auf die eine oder andere Million. Es ist eine ganz andere Sache, nachdem man sich an die Spitze dieser Millionen gestellt hat, die unmittelbare Aufgabe zu übernehmen, unter den gegebenen Umständen gegen den gegebenen Feind einen Aufstand zu machen, die Macht zu übernehmen. Dafür muss die Vorhut der Arbeiterklasse einen schrecklichen Sprung in der Politik und der Psychologie machen, um vom Bereich der rein propagandistischen Arbeit zur Leitung der Klasse bei der Verwirklichung einer großen gesellschaftlichen Umwälzung überzugehen.

Ihr wisst, GenossInnen, dass in unserem Land diese Wendung nicht leicht oder einfach vollbracht wurde, obwohl unsere Partei eine unendlich größere Härte und eine viel revolutionärere Erfahrung als die deutsche Partei hatte. Es ist zu befürchten, dass in Deutschland die inneren Schwankungen der kommunistischen Partei viel grundlegender, viel wichtiger und daher viel gefährlicher sind als die, die es bei uns am Vorabend des 25. Oktober 1917 gab. Aber die deutsche Partei hat etwas, was wir nicht hatten: sie hat erstens die Erfahrung und zweitens die ideologische Hilfe der Kommunistischen Internationale. Dank dieses Umstandes wird sie diese inneren Schwierigkeiten ohne jeden Zweifel viel leichter regeln (so wie man sieht, dass sie sie schon grundlegend geregelt hat) als wir dazu vor sechs Jahren in der Lage waren. Soweit ich das von ferne beurteilen kann und in dem Maß, in dem man sich ein klares Bild von dem machen kann, was eingetroffen ist, hat die Kommunistische Partei schon die notwendige Entschlossenheit erlangt, um die Aufgabe der Partei des

Proletariats in Angriff zu nehmen — die Macht zu erobern.

Sind die objektiven Bedingungen für den unmittelbaren Kampf günstig oder nicht? Was sind die Perspektiven, die Aussichten? Auch vor den entscheidenden Schlachten ist es natürlich nicht immer möglich, GenossInnen, die Kräfte genau abzuschätzen und noch weniger eine genaue Schlussfolgerung zu ziehen. Wenn das bei gesellschaftlichen Schlachten möglich wäre, würden diese Schlachten gar nicht stattfinden. Ich habe oft die Gelegenheit gehabt, auf die einfache Überlegung hinzuweisen, dass es selbst bei einem Streik einer Gruppe ArbeiterInnen gegen einen Kapitalisten unmöglich ist, im Voraus genau zu wissen, wie dieser Streik enden wird. Jeder Kampf entwickelt seine inneren Kräfte: sie haben ihren Einfluss auf den Verlauf, sie erzeugen Sympathie oder das Fehlen von Sympathie unter den anderen ArbeiterInnen, Sympathie eines Kapitalisten für den anderen etc. Wenn es in einem Streik dazu kommt, wie viel mehr muss es dann in einer Revolution des Proletariats so sein, in der ungeheure, zahlreiche unberechenbare Kräfte beteiligt sind — in der es um ein Land mit 60 Millionen Menschen geht? In diesem Fall, GenossInnen, ist es unmöglich, im Voraus zu sagen, dass da der Sieg absolut garantiert ist.

Genau aus diesem Grund wird die Revolution, der Kampf unvermeidlich, weil man nur durch die Revolution, die bewaffnete Erhebung den Sieg erringen kann und weil es unmöglich ist, die Frage präzise vorherzusagen. Aber gleichzeitig kann und muss man sowohl in militärischen wie revolutionären Konflikten das Kräfteverhältnis, die wirklichen Ressourcen und folglich die reellen Möglichkeiten einschätzen.

Was die Truppenstärken betrifft, die des Feindes, der beiden einer entgegengesetzten Lager, gibt es auf unserer Seite eine endrückende Überlegenheit. Ich habe schon davon gesprochen — ein Industrieproletariat, das 15 Millionen stark ist, sehr kultiviert und durch den Charakter der deutschen Industrie sehr zentralisiert ist, stellt eine Kraft dar, wie sie in diesem Ausmaß nie auf die revolutionäre Bühne getreten ist.

Was gibt es auf der anderen Seite? Es gibt ein vertrustetes Kapital, das zentralisiert ist, und den Großgrundbesitz und die faschistischen Banden, die auf ihre Kosten unterhalten werden, Banden, die nicht nur theoretisch, sondern ganz direkt von Stinnes abhängen. Der Faschismus ist die Kampforganisation des Handels-, und Industriekapitals, des Finanzkapitals auf großer Stufenleiter, des Bankkapitals in Deutschland, das sich wiederum in Stinnes verkörpert. Er ist im genauen Sinn des Wortes der Boss, der Diktator von Deutschland. Man hat von der Konzentration der Industrie seit Marx gesprochen, sie in Handbüchern dargestellt: wir haben von ihrer Tendenz zur Verringerung der Zahl der Kapitalmagnaten auf eine geringe Zahl gesprochen etc.; und man hat jetzt in Deutschland eine Lage, wo der Boss, der wirtschaftliche Boss des Landes, wesentlich ein einziger Mann ist — Stinnes.

In Deutschland gibt es eine illegale Armee, eine faschistische Armee, über die uns verschiedene Informationsquellen sagen, dass ihre Truppenstärke zwischen 200.000 und 400.000 Kämpfern beträgt und diese Armee ist von Stinnes finanziert. Die deutsche Presse ist in seinen Händen etc. Das ist die konzentrierte grundlegende Kraft des Kapitals, die sich ihre eigene Armee geschaffen hat, genau wie sich in unserem Land in der Epoche des Zarismus nach 1905 die Grundherren Einheiten bildeten, die sich aus den Inguschen oder Tscherkessen rekrutierten, den unwissenden Elementen des Kaukasus. Der Faschismus ist die Inguschen-Organisation von Stinnes für die Verteidigung seines Privateigentums, der Börse, des Kapitals etc.

Was gibt es dazwischen? Zwischen dem revolutionären Proletariat und den Faschisten gibt es die klein- und mittelbürgerlichen Schichten, die ruiniert und halb ruiniert sind, die Intellektuellen, die ruiniert sind oder sich gerade ruinieren und auch verhältnismäßig beträchtliche Elemente der Arbeiterklasse, auch wenn sie nicht mehr als eine kleine Minderheit darstellen. An der Spitze des Staates ist die Sozialdemokratie mit ihrer Organisation und ihrer Presse noch eine große Macht, aber sie stellt schon die Macht von gestern dar: ihre Basis, die Masse der Arbeiterklasse entgleitet Tag für Tag und Stunde um Stunde ihren Händen. Die letzten Telegramme, die letzten Depeschen aus Deutschland geben ein sehr klares Bild von genau diesem Prozess.

Ich werde etwas davon sprechen, wenn ich bei der Frage Sachsen angekommen bin. Der zentrale demokratische Kern ist der deutsche Kerenskiismus: auf seiner Rechten der Faschismus, auf seiner Linken der Kommunismus. Dieser zentrale Kern verengt sich immer mehr, weil die ArbeiterInnen und nicht nur die ArbeiterInnen, sondern auch große Schichten des Bürgertums und auch der Intellektuellen und der Bauernschaft (um gar nicht erst von dem Landproletariat zu reden) sich immer mehr nach links bewegen. Elemente des zentralen demokratischen Blocks brechen nach rechts und wenden sich Richtung Faschismus, in dem sie das Heil sehen. Man beobachtet ein Wachsen der Extreme mit einer Verstärkung der Widersprüche und Schwäche in der Mitte. Deshalb ist die

Reichsregierung in Deutschland heute eine klägliche Fiktion. Das deutsche Parlament, der Reichstag, hat seine Machtbefugnisse zu Gunsten der Minister aufgegeben, die er gewählt hat. Wenn wir KommunistInnen eine Demonstration, einen ergänzenden Beweis für den völligen Zerfall des Demokratismus, des bürgerlichen Parlamentarismus gebraucht hätten, das wäre er gewesen: das deutsche Parlament, ein auf der Grundlage des allgemeinen etc. Wahlrechts gewähltes demokratisches Organ. Wenn die größte Anstrengung von ihm verlangt wird, begeht es Selbstmord und gibt seine ganze außerordentliche Macht an die Minister, die es selbst geschaffen hat — und diese Minister wiederum geben ihre vollen Machtbefugnisse an Seeckt; Seeckt ernennt seine allmächtigen Generäle, besonders Müller in Sachsen. In unserem Land ist Koltschak aus der Verfassunggebenden Versammlung von Ufa hervorgegangen; in Deutschland sind aus dem demokratisch gewählten Reichstag schrittweise der General Seeckt und aus Seeckt andere in Gestalt der Generäle Müller und anderer hervorgegangen. Das Parlament hat sich vor unseren Augen entmachtet und mit seiner Auslöschung ist die des deutschen Kerenskiismus, des deutschen Demokratismus gekommen.

Weiter, GenossInnen, sieht man, wie Deutschland wegen der in der jeweiligen Region vorherrschenden gesellschaftlichen Kräfte geographisch zerfällt. Heute gibt es kein vereinigtes Deutschland. Ich meine dabei nicht einmal, dass ungefähr 12 Millionen BewohnerInnen Deutschlands unter feindlicher Herrschaft, feindlicher Besatzung (besonders französischer) sind. Aber die 48 oder 50 Millionen, die bleiben, bilden keine soziale Einheit und keinen Einheitsstaat mehr. Es gibt Bayern mit ungefähr 9 Millionen, das jetzt ein unabhängiger Staat ist. Daneben, im Norden, gibt es das kleine Thüringen und im Nordosten Sachsen. Thüringen und Sachsen haben zusammen eine Bevölkerung von 7,5 bis 8 Millionen, wenn meine Erinnerung gut ist, das heißt etwas weniger als in Bayern. In Bayern ist der Faschist Kahr an der Macht, der das Verbindungsglied zwischen den Faschisten (der Partei von Fürst Rupprecht) ist, die mit Deutschland brechen und es verlassen wollen, und denen, die ein einheitliches Deutschland wollen (die Partei von Seeckt, Ludendorff etc.). Aber was die deutschen Separatisten, das heißt die, die sich lostrennen wollen, und die deutschen Faschisten, die die Einheit Deutschlands wiederherstellen wollen, vor allem wollen, ist de Verteidigung des Privateigentums. Es gibt so eine Brücke zwischen ihnen und auf dieser Brücke hält sich der bayrische Diktator von Kahr. Aus diesem Blickwinkel haben GenossInnen auf unserer Versammlung in Moskau mir eine schriftliche Frage überreicht, ob unsere GenossInnen dort sich nicht opportunistisch verhalten hätten: diese KommunistInnen, die nach mehreren Jahren schonungslosem Kampf gegen die menschewistische Organisation, gegen die Sozialdemokraten, sich ihnen jetzt in der selben Regierung angeschlossen haben.

Unbestreitbar ist das eine zunächst überraschende Initiative. Dennoch ist sie richtig und Zeugnis für den kolossalen politischen Erfolg, den diese Koalition für uns darstellt. Ich werde darüber sprechen, aber ich möchte euch zuerst daran erinnern, dass wir selbst in dieser Hinsicht nicht unschuldig sind. Im Augenblick des Putsches von Kornilow hat der Genosse Lenin im damaligen Zentralorgan geschrieben, dass die Bolschewiki einen Kompromiss vorschlagen, das hieß: meine Herren Menschewiki und Sozialrevolutionäre, unter gewissen Bedingungen bilden wir einen Block mit euch. Weder die Menschewiki noch die Sozialrevolutionäre haben das gemacht: es blieb ihnen vor ihrem Tod zu wenig Zeit und sie wollten den Augenblick nicht näher bringen. Aber der Vorschlag wurde gemacht. Und nach dem Oktober, gleich danach, haben wir eine Koalitionsregierung mit den linken Sozialrevolutionären gebildet. Das haben viele schon wieder vergessen.

Der Block mit den Sozialrevolutionären endete dennoch tragisch. Zu einem Zeitpunkt hat sich ein Teil des Rats der Volkskommissare, einer der Kommissare von den linken Sozialrevolutionären, in einem Gebäude wiedergefunden, das der Tscheka gehörte, und schimpfte auf den Kreml. Ich habe dieses Schimpfen mit eigenen Augen gesehen. Dieses Ende der Koalition war offensichtlich nicht im Gründungsprogramm der Koalition enthalten; aber wenn man die Bilanz zieht, stellt sich heraus, dass wir gewonnen haben und das Platzen der Koalition stellte gleichzeitig das Ende der Partei der Linken Sozialrevolutionäre dar. Unsere Partei hat die Lage gemeistert.

Deshalb ist unter gewissen Bedingungen (ich zitiere den Fall, um den Sachverhalt zu klären) selbst der Beitritt der KommunistInnen in eine Koalition mit einer wesentlich kleinbürgerlichen Partei, die noch die Unterstützung eines Teils der ArbeiterInnen und BäuerInnen hat, eine Initiative, die, so opportunistisch sie erscheinen mag, ihrem Wesen nach revolutionär ist. Das ist eine entschiedene Aktion, um die Entwicklung zu beschleunigen, den Ruin der Partei zu erreichen, mit der wir eine Koalition gebildet haben. Was man in Sachsen sehen kann ist das selbe Phänomen, wenn auch unter völlig anderen Bedingungen. Sachsen ist ein Land, das vom textilindustriellen Proletariat bewohnt wird, ein sehr kompakter Teil von Deutschland mit dichter Bevölkerung. Das sächsische Proletariat ist sehr revolutionär. Die sozialdemokratische Partei

Sachsens ist unter dem Druck ihres Proletariats von allen sozialdemokratischen Parteien die linkste. Wir stellen die Parole der Einheitsfront auf und die sozialendemokratischen ArbeiterInnen verlangen, dass sie verwirklicht wird. Unter ihrem Druck fühlten sich die linken Sozialdemokraten, von denen die meisten von zweifelhafter Qualität sind, trotzdem verpflichtet, in eine Einheitsfront und einen Block einzutreten, um in Sachsen und Thüringen Koalitionsregierungen zu bilden. Wir sind dort als Minderheit eingetreten: wir haben zwei Minister (einer von ihnen ist für die Angelegenheiten des Ministerrats zuständig) und die anderen haben die Mehrheit. Aber allein der Umstand der Bildung einer Koalitionsregierung in Sachsen stellt einen tödlichen Schlag für die deutsche Sozialdemokratie dar. Man kann es jetzt voll Vertrauen sagen und die sehr beeindruckenden Tatsachen, die der Eilbote heute brachte, lassen keinen Platz für Zweifel. In der Tat wisst ihr sehr gut, wie sehr die ArbeiterInnen an den Organisationen hängen, die sie zum ersten Mal geweckt, gehoben und organisiert haben und sie zu bewussten Wesen gemacht haben. Dieses Gefühl einer engen Verbindung haben die deutschen ArbeiterInnen — gegenüber der Sozialdemokratischen Partei. Die Partei hat sie zwar verraten, sie aber zugleich andererseits unter den Hohenzollern geschult und aufgeklärt und es ist sehr hart für die ArbeiterInnen, mit ihr zu brechen, selbst wenn sie wissen, dass sie auf einem schlechten Weg ist. Deshalb ist trotz des Verrats und der Niedertracht der deutschen Sozialdemokratie die Arbeitermasse zwar unzufrieden, grummelnd, stößt die Partei von der Seite vorwärts, aber sie hat noch nicht mit ihr gebrochen, noch nicht den Schritt gemacht, der sie über sie hinaus und hin zu der Kommunistischen Partei führen wird. Das ist ein sehr schmerzlicher Schritt für einen Arbeiter, der über Jahre hinweg mit einer bestimmten Organisation verbunden war und es zeigt sich jetzt, dass er die Wendung nicht auf so brutale Weise zu machen braucht.

Die ArbeiterInnen sehen, dass die KommunistInnen, die von den Sozialdemokraten als Partei angeprangert wurden, die den Untergang Deutschlands und der deutschen Arbeiterklasse bedeutet, eine Partei, mit der man nichts gemein haben könne, deren Mitglieder Vasallen Russlands seien etc. — es zeigt sich, dass diese KommunistInnen in einer bestimmten Region Deutschlands in der selben Regierung und in den selben proletarischen Hundertschaften wie die sozialdemokratischen ArbeiterInnen sind. Die Mauer, die die Sozialdemokratie eifrig zwischen sich und den kommunistischen ArbeiterInnen gebaut und gefestigt hat, wurde jetzt eingeschlagen und, da die Masse der sozialdemokratischen ArbeiterInnen psychologisch einer revolutionären Politik zuneigen, stürmen sie vorwärts zu den KommunistInnen seit Breschen in der Mauer auftauchen. Das geschieht auf verschiedene Weise. Wenn sie nicht der Kommunistischen Partei beitreten, sind sie mit ihr ideologisch verbunden und wenn sie ihr beitreten, unterstützen sie sie völlig.

Hier die neusten Tatsachen nach den Nachrichten von heute. In der sächsischen Stadt Chemnitz (dem Geburtsort des großen Henkers Noske, Proletarier, Tabakarbeiter, einer der Arbeiterverräter, an denen in der Geschichte der verschiedenen Länder kein Mangel herrscht), in Chemnitz, wo Noske der absolute Herr war, wo er ein unbeschränktes Vertrauen genoss, in Chemnitz sind während der ersten Woche des laufenden Monats sechzig von Sozialdemokraten gegründete Fabrikkomitees zur Kommunistischen Partei übergegangen. In Berlin, in Brandenburg, im ganzen Land hat sich der Einfluss der Kommunistischen Partei auf kolossale Weise in den letzten Wo-

144

chen vergrößert. Und was die sächsische Sozialdemokratie betrifft sagen die Nachrichten von heute: die sozialdemokratische Organisation in Sachsen „geht in die Brüche"[10]. Die Sozialdemokraten wissen selber, dass sie in die Koalition mit uns eingetreten sind, als sie scheinbar Herren der Lage waren, und wenn manche linken KommunistInnen, die keine sehr klaren Gedanken haben, in Deutschland sagen, dass sie die sächsischen Sozialdemokraten stützen, dann muss man sagen, dass sie sie stützen wie der Strick den Gehenkten. Trotzdem ist das Ergebnis der Koalition politisch brillant und das interessiert uns.

Aber das regelt noch nicht das Problem. In Sachsen ist der Einfluss unserer Partei besonders wichtig. Aber wir sind dort nicht allein. Es gibt in Sachsen auch den General Müller und der General Müller hat die Reichswehr, das heißt die deutsche Armee. Außerdem hat er durch eine besondere Verordnung die sächsische Polizei unter seinen Befehl gestellt. Er hat außerdem die geheimen faschistischen Organisationen, die sich Richtung Sachsen bewegen und die es dort in gewissem Maße auch gibt. Der General Müller steht an ihrer Spitze. Er forderte die sächsische Regierung auf, die proletarischen Hundertschaften aufzulösen. Die sächsische Regierung, die als Basis einen sehr demokratischen Landtag hat, verweigerte das. Der General Müller verhaftete ein paar Leiter von Hundertschaften.

Daneben gibt es andere Tatsachen, die das Vorhandensein einer Lage in Deutschland unterstreichen, die in keiner Verfassung vorgesehen ist. Der Faschist Rossbach, der Meutereien etc. organisiert hat, war in einem sächsischen Gefängnis und wurde befreit. Die sächsische Regierung befahl seine Verhaftung. Die Reichsregierung von

---

10 *im Original deutsch*

Stresemann kam nicht umhin, diesen Befehl zu bestätigen: er sei zu verhaften wegen versuchter Revolte gegen die Regierung. Rossbach ging nach Bayern, im selben Land. Er nahm dort an öffentlichen Versammlungen teil und genoss den ganzen Schutz der bayrischen Regierung. Die bayrische Regierung organisierte in ihren Gebiet neben der Reichswehr, der offiziellen Armee, eine faschistische Armee, für die sie Geld aus dem Staatshaushalt bewilligte. Die Regierung Stresemann, die in Berlin belagert ist und schon ziemlich ohnmächtig ist, erklärte, dass sie keinen Putsch zulassen werde, weder einen rechten noch einen linken. Aber was Bayern betrifft, wagt sie nicht die Stimme zu erheben, während sie in Sachsen die Sprache der faschistischen Generäle spricht. Die Regierung hat selbst keine Kontrolle über die Armee. In der Regierung Stresemann gibt es Sozialdemokraten. Die Sozialdemokraten verlieren immer mehr an Boden, weil sich die Massen den KommunistInnen zuwenden. Um nicht den letzten Fetzen ihres Einflusses zu verlieren müssen die Sozialdemokraten so tun, als ob sie die Kampagne gegen Sachsen nicht unterstützten — aber die Kampagne gegen Sachsen geht weiter. Der „Vorwärts" schrieb: „Wir verlangen die Aufhebung des Belagerungszustandes. Wir protestieren gegen die Kampagne von General Müller gegen Sachsen." Aber der General Müller ist der Agent von Seeckt und Seeckt wurde von der Stresemann-Regierung ernannt und die Stresemann-Regierung umfasst Sozialdemokraten.

Ihr seht, GenossInnen, die Staats- und Regierungsverhältnisse zwischen der Regierung Stresemann und den verschiedenen Teilen Deutschlands haben weder Hand noch Fuß. Das Chaos erinnert einen ziemlich daran, wie es vor der Oktoberrevolution 1917 lief. Es gab auf der einen Seite Kronstadt, das die bolschewistische Regierung anerkannte, die es zu dieser Zeit noch gar nicht gab (sie erkannten sie im Voraus an), es gab Petrograd, wo der Sowjet auf unserer Seite war, es aber neben ihm ein Zentrales Exekutivkomitee mit Tschcheïdse und Zeretelli gab, es gab die Ukraine mit der Rada, die Kommissare von Kerenski, die bewaffneten bolschewistischen Streitkräfte etc. Jeder gab jedem Befehle, niemand gehorchte dem anderen und alles bereitete sich auf die letzte Konfrontation vor. Das ist die Lage, die heute in Deutschland besteht. Es bleiben keine fünf Minuten mehr bis sich der Vorhang hebt.

Aber den Vorhang heben, ist keine leichte Sache. Wohlverstanden haben die Sozialdemokraten in Berlin keinerlei Macht. In der Regierung gibt es Stresemann, mit dem Poincaré nicht reden will (er redet lieber mit Stinnes) und der jetzt eine imaginäre Größe ist. Aber der General Seeckt ist eine reale Größe und auch der General Müller. Warum nur? Vor allem, weil sie 100.000 Soldaten und 3.000 Offiziere haben. Das ist alles, was der deutsche Staat unter dem Versailler Vertrag haben darf. Wie ihr wisst, haben die Franzosen die deutsche Armee auf eine sehr kleine Größe verringert.

Weiter gibt es in Deutschland 150.000 Polizisten, die „Schupo" [Schutzpolizei] oder vorher „Sipo" [Sicherheitspolizei] heißen, sie sind unter dem Befehl der Städte und der Kommunalverwaltungen, aber von nun an sind sie auf den Befehl von Seeckt unter die Autorität der Reichswehr gestellt worden, unter das Armeekommando. Außerdem gibt es 200 oder 300.000 Menschen in den faschistischen Bataillonen, geleitet von Generalstabsoffizieren, die in der Kunst der Beseitigung von Massen von Menschen bewandert sind und die sehr gut das Eisenbahnnetz von Deutschland kennen und sehr gut wissen, wie man ein Bataillon von einer Ecke des Landes zu einer anderen schickt, um die ArbeiterInnen zu erdrücken und sie ihrer FührerInnen zu berauben etc. Das ist ein gefährlicher Feind, ein Feind, der in Berlin eine Organisation hat, die unter einem gesellschaftlichen Blickwinkel betrachtet auf beträchtlichen Kräften ruht.

Ihr gegenüber gibt es das Proletariat, 15 Millionen stark, das in Sachsen und im ganzen Land seine Hundertschaften geschaffen und bewaffnet hat. Wie viele es von diesen Hundertschaften gibt, weiß ich nicht und wenn ich es durch Zufall wüsste (ich weiß es aber nicht), hätte ich nicht das Recht, es auf einer öffentlichen Versammlung zu sagen. Das ist heute ein Militärgeheimnis des deutschen Proletariats — die Zahl seiner Hundertschaften, ihre Waffen, wo sie sind. Und es scheint, dass sehr bald zwischen diesen beiden Kräften ein entscheidender Kampf um die Macht stattfinden wird. Die Telegramme von heute teilen uns den Bruch der Beziehungen zwischen Bayern und Sachsen mit: ihr habt es zweifellos gelesen. Sie sind beide Teile von Deutschland. Aber Deutschland ist nach seiner alten Verfassung eine Föderation aus verschiedenen Teilen, von denen jeder eine diplomatische Vertretung hat, und gestern haben Bayern und Sachsen ihre diplomatischen Beziehungen abgebrochen. Bayern führt einem Teil der Reichswehr faschistische Abteilungen zu und hat es in großem Maß schon gemacht. Auf der sächsischen Seite der Grenze gibt es die sächsischen Hundertschaften. In dieser Zeit führt der General Müller, dieser Agent der Reichsregierung oder genauer des Diktators Seeckt, Sachsen Artillerie zu. Die sächsische Regierung befolgt nicht den Befehl, die Hundertschaften aufzulösen, im Gegenteil appelliert sie an die ArbeiterInnen des ganzen Landes, sie zu organisieren. Die gewerkschaftlichen Organisationen von Berlin sagen, dass sie einen Aufruf zum Generalstreik im Falle einer Operation gegen Sachsen befolgen würden. Als Reaktion auf faschistische Banden, die die Nutzung des Eisenbahnnetzes beabsichtigen, haben die EisenbahnerInnen mit dem Streik gedroht. Die Lage kann nicht Wochen andauern; sie kann wahrscheinlich nicht Tage andauern.

Es wäre überhaupt nicht überraschend, wenn wir morgen oder übermorgen die ersten Telegramme über den Beginn entscheidender Kämpfe bekämen. Wie werden sie enden? Ich habe euch einen allgemeinen Überblick gegeben — die gesellschaftlichen Kräfte, der Zustand der Organisation und ich habe sozusagen die Truppenstärke der des Feindes angegeben. Aber wo führt das hin? Das hängt von der Energie des Proletariats, der von seiner Partei an den Tag gelegten Entschlossenheit, ihrer Opferbereitschaft ab. Hat das Proletariat eine Chance zu siegen? Gewiss. Das Kräfteverhältnis in ihm ist sehr günstig für seinen Sieg. Ich habe nicht erwähnt (ich erwähne es zur Erläuterung), dass 100.000 Soldaten in einem Land von 50 Millionen sehr wenig ist. Sie sind im ganzen Land zerstreut und wenn das ganze Land in Gärung sein wird, werden diese 100.000 Soldaten der Reichswehr, verzettelt in Kompanien und Bataillonen, sich wie ein Tier in der Falle fühlen. Unter ihnen (sogar wenn man sie als allgemein feindselig gegenüber den ArbeiterInnen betrachten muss) sind die Mehrheit Bauernsöhne, Gerüchte werden unter ihnen umgehen, Panik wird sich unausweichlich ausbreiten und gerade wegen ihrer geringen Zahl und wegen ihrer Isolierung kann das das Rückgrat der Armee brechen.

Die Polizei im größten Teil Deutschlands besteht aus Arbeitern, die in Gewerkschaften organisiert sind, die sozialdemokratisch sind. Sie sagen das nicht offen, weil es Polizisten verboten ist, politischen Parteien anzugehören, aber sie können sich gewerkschaftlich organisieren. In Berlin sind die Polizisten alle Sozialdemokraten. Als Hypothese kann man sagen, dass ungefähr ein Drittel der Polizei kämpfen wird, sagen wir in Bayern, ein Drittel ungefähr wird neutral sein und ungefähr ein Drittel wird auf unserer Seite kämpfen. So wird allgemein die Polizei als reale Kraft gegen uns verschwinden.

Es bleiben folglich die faschistischen Organisationen. Die Chefs der faschistischen Bataillone sind zutiefst gefestigte konterrevolutionäre Kämpfer. Sie sind Angehörige des alten deutschen Offizierskorps, die die Arbeiterklasse und die Revolution mit dem jahrhundertealten Hass der Sklavenhalter, der Unterdrücker, der Junker, der Herren, der Kapitalisten etc. hassen. Sie werden ohne Gnade kämpfen. Aber ihre Bataillone bestehen aus Bürgersöhnen, Studenten, ruinierten Kleinbürgern und sogar teilweise den unwissendsten, verzweifeltsten, patriotischsten Arbeitern lumpenproletarischen Typs. Das ist eine sehr buntscheckige Menge und man kann nicht sicher sein, dass sie alle ihren faschistischen Chefs folgen werden, wenn der entscheidende Augenblick kommt. Die Leute treten heute ihren Bataillonen bei, manche aus Verzweiflung, andere um zu essen, aber im entscheidenden Augenblick wird ein wichtiger Teil dieser Armee sich beim Kontakt verzetteln, besonders wenn der revolutionäre Ansturm in der Reichswehr, der legalen Armee, zum Zögern führt. Denn die faschistischen Bataillone werden durch ihre Vereinbarung mit der Regierung Teil einer offiziellen Organisation der legalen Armee und besitzen so einen zentralisierten Apparat. Wenn dieser zentralisierte Apparat unter dem Druck des revolutionären Sturms in Stücke geht, werden die Faschisten auch zu versprengten Bataillonen, Guerillaabteilungen. Es ist wahr, dass sie viel Arbeiterblut vergießen werden, aber in diesem Fall wird ihre Erfolgsaussicht sehr klein sein, vom Endsieg gar nicht erst zu reden.

Das, Genossinnen, ist die innere Lage. Sie zeigt an, dass es günstig, sehr günstig für das deutsche Proletariat steht. Letzteres kann und will die Macht nehmen — alles deutet darauf hin. Wird es fähig sein, sie zu halten angesichts der internationalen Lage? Ich habe schon eine ganze Stunde eurer Zeit für den ersten Teil meines Berichts verwendet und ich werde versuchen, für den letzten so kurz wie möglich zu sein. Ich frage: wird das deutsche Proletariat angesichts der gegebenen internationalen Lage die Macht halten? Deutschland ist auf der Landkarte von Europa nicht allein. Seine Nachbarn sind Belgien und Frankreich, Nachbarn, die seine Eroberer sind, die es versklavt und unterdrückt haben zusammen mit seinen Nachbarn im Südosten und Nordosten, der Tschechoslowakei und Polen. Die anderen Nachbarn wie Holland oder Schweden, die skandinavischen Länder oder die Schweiz und Österreich haben keine große Bedeutung. Sie können keine unabhängige Rolle spielen und werden allgemein nicht in der deutschen Revolution intervenieren. Wer könnte intervenieren? Großbritannien und nach ihm Frankreich, mit Belgien, Polen, der Tschechoslowakei. Dort lebt die Gefahr. Und hier betrifft uns die Frage direkt, sie betrifft die Sowjetunion, denn, natürlich, wenn die deutsche Revolution zu einem europäischem Krieg führen wird, einem imperialistischen Krieg, wird uns das direkt berühren. Und wir müssen hier die Lage einschätzen, um eine klare Perspektive zu haben, was uns morgen bevorstehen kann.

Ich sagte, dass Großbritannien intervenieren könne. Aber in diesem Punkt können wir heute klar die Ohnmacht Großbritanniens auf dem europäischen Kontinent einschätzen. Man muss sie nicht nur wegen der deutschen Revolution, sondern auch wegen uns selbst einschätzen. Großbritannien ist auf dem europäischen Kontinent ohnmächtig. Je klarer wir das erkennen, je deutlicher und entschiedener wir das wiederholen, desto nützlicher wird das für unsere Politik sein in dem Sinn, dass Großbritannien weniger mit Drohungen und Ultimaten herumfuchteln wird. Tatsächlich ist Großbritannien eine reine Seemacht. Es hat eine sehr große Rolle in Europa gespielt. Aber wie und wann? Jedes Mal, wenn zwei Länder um die Vorherrschaft in Europa gekämpft haben. Als Frankreich und Deutschland mit annähernd gleichen Kräften kämpften, hat sich Großbritannien zurückgehalten und langfristig mal dem einen und mal dem anderen geholfen. Es hat vorher schon das gleiche gemacht, als Spanien stark war: Großbritannien hat es auf die selbe Weise mal gestützt und mal geschwächt. Großbritannien hat diese Rolle bis zum jetzigen Jahrhundert gespielt. Es nutzte den Kampf zwischen den beiden stärksten Staaten Europas und stützte den, der etwas schwächer war, mit Geld, mit technischer Unterstützung, mit Waren gegen den Stärkeren. Und das Mächtegleichgewicht von Europa hing von ihm ab. Es bekam dadurch große Vorteile für geringe Unkosten: das ist seine jahrhundertealte Politik. Warum hat es im Krieg von 1914 interveniert? Weil Deutschland zu stark geworden ist. Deutschland ist so stark geworden, dass Großbritannien seine traditionelle Politik aufgeben musste. Es musste zur Waffe greifen und sich im Krieg engagieren, kämpfen. Es ist dazu gekommen, zahlreiche britische Arbeiter zu mobilisieren und sie auf den europäischen Kontinent zu werfen. Das Ergebnis war, dass es Frankreich so sehr unterstützt hat, dass es schließlich Deutschland erdrückt hat. So liegt heute die Hegemonie in Europa ausschließlich bei Frankreich. Deutschland liegt auf den Knien und Frankreich will mit ihm nicht einmal über die Kapitulationsbedingungen verhandeln. Aber von dem Augenblick an, wo Frankreich eine völlige Hegemonie, völlige Herrschaft erlangt hat, hatte Großbritannien keine Zuflucht mehr. Frankreich kündigte an: „Ich werde die Ruhr nehmen". Großbritannien antwortete: „Das liegt nicht in meinem Interesse". Es gibt da einen großen Lärm, der lange andauert. Warum wäre es nicht im britischen Interesse? Weil es Deutschland ein bisschen gegen Frankreich heben muss, um das Kräftegleichgewicht wiederherzustellen. Und was macht Frankreich? Trotz der Proteste von Curzon rückt es im Ruhrgebiet ein und nimmt es. Und was macht das schreckliche Großbritannien? Es findet sich mit dem Geschehenen ab. Das schreckliche Großbritannien bedrohte die Türkei, aber die Türken, die mit uns gutnachbarschaftliche Beziehungen haben, haben eine Armee organisiert, nicht ohne unsere Hilfe.

Was machte Großbritannien? Es hat die Griechen gegen sie geschickt. Es hatte absolut keine eigenen Streitkräfte. Was machten die Türken? Sie haben die Griechen geschlagen und sind nach Konstantinopel marschiert, gegen das schreckliche Großbritannien, das hastig die Stadt verlassen hat. GenossInnen, aus dem Blickwinkel der internationalen Beziehungen ist das eine Sache von größter Bedeutung in unserer Epoche: Großbritannien ist auf dem europäischen Kontinent ohnmächtig. Selbstverständlich werden wir es nicht beklagen.

Was kann Großbritannien gegen die deutsche Revolution? Ihr ein Ultimatum stellen? Aber das wird nicht reichen. Folglich geht es wieder um die Frage, was Frankreich machen wird und nicht Großbritannien. Wenn Frankreich sich entscheidet, zu intervenieren, kann Großbritannien ihm nützen und ihm mit Geld helfen, das es sehr dringend braucht. Es kann Häfen und Meerestransportwege von Deutschland blockieren etc. Die Rolle von Großbritannien wird die eines Verwalters und eines Piraten sein. Aber die entscheidende Rolle im Sinne der Besetzung Deutschlands wird von Frankreich gespielt werden und seinen Vasallen vor Ort, Belgien, Polen und der Tschechoslowakei. Ist das möglich? Was wird Frankreich dort entscheiden? Das ist die grundlegende Frage.

Auch dort ist es unmöglich präzise Prophezeiungen zu machen und zu sagen: Nein, sicher nicht. Aber man kann die Lage analysieren und unsere Analyse zeigt, dass es gute Gründe dafür gibt zu denken, dass es für Frankreich zu viel wäre. Ein Land zu besetzen, ein Land in Revolution mit einer Bevölkerung von 60 Millionen, ein Land, wo 59 % der Bevölkerung, wenn nicht mehr, in den Städten leben und nur eine Minderheit in den Dörfern, ein Land, das durch Eisenbahnlinien kariert ist, das wird keine leichte Aufgabe sein. Wir haben hier die Erfahrung der Ukraine. Es gab dort insgesamt 250.000 deutsche und österreichisch-ungarische Soldaten. Die Ukraine ist nicht Deutschland: es gibt dort wenig Städte, das Eisenbahnnetz ist weniger entwickelt und die Deutschen haben sich nicht weg von den Städten und Eisenbahnen vorgewagt. Und was war das Ergebnis? Spontane Bauernrevolten entfalteten sich um sie herum, die deutschen Soldaten wurden von Monat zu Monat mehr demoralisiert, gerade sie stellten während der deutschen Revolution die revolutionärsten Regimenter dar, als sie zu den Ihren zurückkehrten. Wenn man gut rechnet — es mangelt nicht an Besetzungen in der Geschichte im allgemeinen und in unserer Epoche — wenn wir die Rechnung aufstellen, einen Mittelwert bilden und suchen, wie viele Soldaten nötig sein werden, um ein revolutionäres Deutschland zu besetzen, sagt uns diese Rechnung, dass eine solide Besetzung mehr als 1.700.000 Leute brauchen wird. Das ist die ganze Armee in Friedenszeiten. Wenn man die Armeen der europäischen Vasallen Frankreichs hinzufügt, kommt man noch auf unter anderthalb Millionen.

Aber GenossInnen, man braucht die Armee für andere Sachen als die Besetzung Deutschlands. Wenn Frankreich Deutschland besetzen will und entscheidet, damit zu beginnen, wird es einen Teil seiner Armee zurücklassen müssen, um seine eigene Arbeiterklasse zu zwingen, diese Besetzung zu akzeptieren. Schließlich hat es Gründe, dass Frankreich seine Armee in Friedenszeiten beibehält. Es hat Gründe, mindestens eine halbe Million Soldaten im Land und in den Kolonien zu behalten. Das ist das Minimum. Das gleiche gilt für seine Vasallen. Anders gesagt: damit Frankreich fähig wäre, sich für die Besetzung Deutschlands zu entscheiden, müsste es die Mobilisierung von mindestens fünf oder sechs Klassen, wie man in Frankreich für Jahrgänge sagt, beschließen. Ist das machbar? Alles deutet darauf hin, dass es das nicht ist, ohne eine große Spannung, einen sehr ernsten inneren Konflikt zu provozieren. Wir vergessen nicht, dass es in Frankreich nicht mehr als 39 Millionen FranzösInnen gibt. Es hat anderthalb Millionen im imperialistischen Krieg verloren. Die deutsche Bevölkerung vermehrt sich schnell, aber die französische geht zurück, langsam aber doch. Es gibt in Frankreich keine einzige Familie, die nicht einen Sohn, einen Bruder, einen Ehemann oder einen Vater verloren hat. Für Frankreich bedeutet die Mobilisierung einer Klasse nicht das selbe wie hier. Bei uns bringt eine Klasse eine Million Menschen. Unser Land ist ausgedehnt, seine Bevölkerung vermehrt sich und hier sind eine Million eine kleine Truppenstärke. Dagegen muss man in Frankreich bei einer auf 38,5 Millionen geschrumpften Bevölkerung, einer Bevölkerung, aus der anderthalb Millionen

155

Menschen herausgerissen wurden, wo es an Arbeitskräften mangelt (aus Mangel an jungen Arbeitskräften gibt es jetzt in Frankreich viele SpanierInnen, ItalienerInnen, PolInnen und TschechoslowakInnen), Franzosen mobilisieren, französische Bauern mobilisieren. Und sie werden erdrückt von Steuern, weil die Staatschuld sich auf 300 Milliarden beläuft. Der französische Bauer ist gerade aus den Schützengräben zurückgekehrt. Denn man hat buchstäblich alte Männer mobilisiert , 45-jährige Männer. Es ist nicht lange her, dass sie auf ihr Land zurückkehrten und Steuern erhoben wurden. Und man sagt ihnen jetzt, dass nach ihrem vollständigen und ruhmreichen endgültigen Sieg, der sie so viel gekostet hat und für den sie weiterhin zahlen müssen, sie jetzt wieder 500.000 Männer geben müssen, um diesen Sieg endgültig zu festigen, mit der Perspektive auf einen europäischen Krieg.

Die französischen KommunistInnen, die französischen GenossInnen denken, dass eine derartige Maßnahme nicht ohne wirklichen Zwang durchführbar wäre, da heißt mit Blutvergießen etc. Das ist eine Schwierigkeit. Auf der anderen Seite wird es nicht möglich sein, eine Million Soldaten in Deutschland zu mobilisieren, die Tschechoslowakei und Polen zu zwingen 750.000 Mann zu schicken und sie dort auf Kosten eines ruinierten, verarmten Deutschlands zu lassen, das die Besatzung völlig verarmen und ruinieren wird. Das bedeutet auf Kosten der selben Arbeiterklasse Soldaten zu halten, die sich in der Glut der Revolution demoralisieren wie die deutschen Soldaten hier demoralisiert wurden. Kurz gesagt, man kann die Schwierigkeiten für Poincaré nicht abschätzen. Es wird für ihn natürlich nicht sehr schmeichelhaft sein, wenn sich hinter der Tür nebenan vom ihm eine proletarische Revolution entwickelt — und seine Arbeit ist nicht leicht.

Aber das bedeutet nicht, GenossInnen, dass die französische Bourgeoisie in jedem Fall diese Arbeit machen wird. Wenn eine Klasse, die zu herrschen gewohnt ist, mit Ruin bedroht ist, gibt es keinen Wahnsinn, zu dem sie nicht Zuflucht nehmen kann. Und wenn ich die Bedingungen einer Besetzung analysiere, mache ich das, um zu zeigen, dass ihre Arbeit in diesem Fall nicht so leicht ist, die Chancen nicht 100 % für unsere Feinde stehen, sondern im Gegenteil nur 25 %, die Geschichte gibt uns 75%.

In jedem Fall kann man keinen Zweifel haben, dass die französische Bourgeoisie noch lange zögern wird. Verschiedene Gruppen und Parteien werden sich gegenüber stehen, bevor eine Entscheidung über ein so teuflisches Abenteuer getroffen ist. Folglich wird die deutsche Revolution eine Schonfrist von zwei, drei oder vier Monaten haben und wir wissen, was das bedeutet. Eine Schonfrist bekommen, heißt alles bekommen.

Dann gibt es noch Polen. Frankreich kann die Arbeit nicht allein machen: es braucht sicher die Hilfe von Polen. Kann Polen eingreifen? Wird es eingreifen? Hier, GenossInnen, kann man nicht den Propheten spielen (das ist im allgemeinen eine undankbare Rolle, wie schon in biblischen Zeiten unterstrichen wurde), aber für einen Marxisten, der die konkreten Bedingungen analysiert, ist es nicht nur erlaubt, sondern Pflicht, die Bedingungen zu untersuchen und vorherzusagen, dass etwas mehr oder weniger wahrscheinlich ist. Also bezüglich Polen muss ich mich zuerst und vor allem gegen die Philisterhaltung wehren oder gegen die Meinungen, die uns überschwemmen, die in die Reihen der Partei eingedrungen ist, wonach der Krieg gegen Polen unvermeidlich sei, dass er beschlossen sei, fast besiegelt. GenossInnen, man darf sich nicht diesem Fatalismus hingeben, daraus werden nur schlimme

Katastrophen folgen. Davon ist nirgends die Rede, in keinem Buch, in keinem Programm der Partei, dass wir Krieg gegen Polen haben werden. Ist ein derartiger Krieg ausgeschlossen? Überhaupt nicht. Leider nicht. Was sind die Chancen, dass wir diese Epoche in Frieden durchqueren? Das kann man unmöglich sagen, aber ich denke, dass es sie gibt, genau aus dem selben Grund, der es für Frankreich schwer macht, ein revolutionäres Deutschland zu besetzen.

Ich habe darüber schon gesprochen. Polen denkt selbst nicht daran, auf eigene Faust isoliert zu kämpfen: es kann nur von Frankreich dort hineingezogen werden, wenn sich eine gigantische Koalition zur Erdrückung Deutschlands bildet. Wahrscheinlich würde man dann versuchen, diesen Kompressionszylinder auf unseren Rücken zu legen, wenn diese Angelegenheit zu einem gigantischen ganz Europa umfassenden Plan wird. Aber Polen selbst kann sicher keinen Plan haben, weil es sich in der Idee gefallen muss, die Intervention auszubeuten, um sich Danzigs und Ostpreußens zu bemächtigen, das heißt um durch diese Intervention ein paar Krümel vom Tisch abzubekommen. Das ist eine Politik des kleinen Diebstahls. Aber die Frage hat einen anderen Aspekt, der für die deutsche Revolution unwichtiger, aber für Polen und vor allem für uns, für unsere BäuerInnen direkte Bedeutung hat. Wir sind ein getreideexportierendes Land geworden: im wirtschaftlichen Sinne hängt unsere ganze Zukunft in den nächsten Jahren von unserer Fähigkeit zum Getreideexport ab. An unserer verfluchten Schere [zwischen landwirtschaftlicher und Industrieproduktion], die sich in den letzten Monaten nicht geschlossen sondern geöffnet hat, können wir auf zwei Weisen arbeiten — durch die Verbesserung des Zustands unserer Industrie, wo sehr viele Sachen nicht zufriedenstellend sind, und durch die Vergrößerung des Getreideexports der BäuerInnen, so dass sich der Getreidepreis bei uns erhöht. Um unser Getreide zu exportieren, müssen wir Verbindungswege finden, auf dem Lande oder dem Wasser. Deutschland ist für uns der wichtigste Markt für das Getreide unserer BäuerInnen. Ohne unser Getreide können die deutschen ArbeiterInnen nicht überleben und die [deutsche] Sowjetrevolution sich nicht halten. Amerika wird sie nicht ernähren und wenn es sie ernährt, wird es sein wie für uns im dritten, vierten und fünften Jahr der Sowjetrepublik. Wenn Deutschland eine ähnliche Katastrophe wiederfahren würde, könnte es nach einem gewissen Zeitraum geschehen , dass es vom Getreide der American Relief Association ernährt würde, dem philanthropischen amerikanischen Getreide; aber im ersten Jahr der Revolution wird der amerikanische Markt gewiss der deutschen Republik kein Getreide geben. Großbritannien wird sehr wahrscheinlich die Blockade der deutschen Häfen beschließen, wie es das mit unseren gemacht hat. Eine einzige Möglichkeit bleibt, wie russisches Getreide, Getreide unserer Sowjetunion nach Deutschland geliefert werden kann. Es gibt zwei Wege, auf denen das geschehen kann: auf dem Meer (das wäre nicht ohne Gefahr, weil Großbritannien die Wellen beherrscht) und auf dem Landweg durch Polen. So ist für die deutsche Revolution unser Getreide eine Frage auf Leben und Tod, genauso wie der deutsche Markt eine Frage auf Leben und Tod für unsere Wirtschaftsentwicklung ist. Wir brauchen den deutschen Markt für unser Getreide und wir brauchen deutsche Produkte, Produkte der deutschen Industrie für unsere BäuerInnen und für unsere ArbeiterInnen. Allgemein gibt es auf der Welt keine zwei Länder, deren Wirtschaftsstruktur und deren Interessen sich so ergänzen wie die der Sowjetunion und Deutschlands, ein superindustrielles Land mit einem hohen technischen und Kulturniveau, und wir mit unseren unbegrenzten Räumen, unseren ungeformten Möglichkeiten in der Landwirtschaft, unserer rückständigen Technik und dem niedrigen Niveau unserer Kultur. Eine praktische Union zwischen diesen beiden Ländern auf wirtschaftlicher und jeder anderen Ebene stellt die größte Macht dar, die es jemals auf der Erde gegeben hat.

Aber zwischen unseren beiden Ländern gibt es Polen. Man kann sich leicht davon überzeigen, indem man auf die Landkarte schaut und die polnischen Diplomaten machen das immer wieder und überzeugen sich. Das macht die gegenwärtige internationale Lage sehr ernst: Alles läuft auf eine einfache Handelsanfrage bezüglich der Freiheit des Freihandels nach Deutschland, nach Westen hinaus: wir geben der Industrie von Lodz den Durchgang nach Persien für ihre Waren und alles, was sie wollen. Freien Durchgang für Handelswaren. Wenn diese Frage in der polnischen Presse dargestellt werden, antworten viele Politiker, dass das nicht möglich sei, dass man Polen nicht verpflichten könne, sich selbst in die Zange zwischen Russland und Deutschland zu begeben. Das ist überhaupt nicht überzeugend, weil diese Zange eine geographische Tatsache ist. Es gibt sie: ein Staat kann sich nicht von da wegbewegen, wo er ist. Polen liegt da, wo es ist, zwischen uns und Deutschland. Als wir mit Polen in Riga in Verhandlungen standen, haben wir vorgeschlagen, dass einem gewissen Teil unseres Gebiets eine gemeinsame Grenze mit Deutschland gegeben werde, was uns einen direkten Zugang nach Deutschland gegeben hätte. Wir hätten so natürlich Polen viel weniger gestört. Aber Polen profitierte von der Anwesenheit von Wrangel in unserem Hinterland, der noch [gegen uns] kämpfte, und hat uns schlechtere Bedingungen gestellt, die wir akzeptieren mussten. Wegen dieser Bedingungen wurden wir von Deutschland abgeschnitten. Polen trennt uns jetzt.

Dennoch kann Polen unter diesen Bedingungen zwei Rollen spielen: die der Brücke zwischen uns und Deutschland oder die der Barriere, einer undurchdringlichen Mauer, zwischen uns und Deutschland. Das hängt von den Politikern in Polen ab. Wir ziehen es vor, dass Polen die Rolle einer Brücke spielt. Auf dieser Brücke kann es Brückenzoll erheben und verlangen, dass jeder, der über die Brücke geht, einen Betrag für das Recht zahlt, die Brücke zu überqueren. Wir sind bereit zu zahlen. Polen wird alle Vorteile von seiner geographischen Lage in der Zange haben: aber wenn es vorzieht, eine Barriere zwischen uns und Deutschland zu werden, stellt es etwas dar, was die deutschen ArbeiterInnen in Hunger stürzen und uns unseres Zugangs zum europäischen Markt und damit zum Weltmarkt berauben wird. Die Frage kann nicht anders gestellt werden. Die Frage des freien Verkehrs nach Westen ist eine Frage von Leben und Tod für uns ebenso wie für die deutsche Arbeiterklasse. Wird Polen das zulassen? Warum sollte es das verweigern? Warum ergreift die polnische Bourgeoisie nicht die Initiative, die ihm Profite bringen und auch Westeuropa gewisse fürchterliche Komplikationen ersparen würde? Wir verstehen unter Durchgang selbstverständlich das wirkliche Recht auf Durchgang, das heißt, dass wir die Möglichkeit haben werden, unser Getreide ohne Unterbrechung nach Deutschland zu schicken, und damit es ankommt braucht Polen weder gegen und noch gegen Deutschland Krieg zu führen. Andernfalls verschwindet unser Band und wir können unser Getreide nicht transportieren. Man muss daher dort eine beiderseitige Verpflichtung haben, sich nicht in die deutschen Angelegenheiten einzumischen. Ein einfaches und klares Programm. Das wird unseres gegenüber Polen sein. Ist das ein Programm des Friedens oder des Krieges? Absolut ein Programm des Friedens.

Ich sage sehr ernst, dass für uns der Krieg eine schreckliche Prüfung sein würde und wir müssen uns darüber klar sein. Wir haben gerade unsere Genesung abgeschlossen, wir sind weit davon entfernt, die beiden Schneiden zusammenzubringen die „Schere" ist noch wichtig. Krieg heute, wenn man uns dazu zwingt, wäre kein Kampf im kleinen Ausmaß, sondern einer, den die Handbücher „großen Krieg" nennen, das heißt ein Krieg, an dem Millionen Mitkämpfer beteiligt sind und der Monate über Monate dauert. Das würde einen monströsen Schlag gegen unsere wirtschaftliche und kulturelle Entwicklung darstellen und natürlich einen nicht geringeren wirtschaftlichen und kulturellen Schlag für die Entwicklung Polens. Allgemein ist es sehr hart, jetzt vorherzusagen, was die Folgen eines derartigen Krieges beinhalten würden, der zahlreiche andere Länder mit hineinziehen würde, aber die Gefahr besteht, dass in diesem Krieg die deutsche Revolution in Blut und Ruinen zusammenbrechen kann. Wir haben vor allem Interesse daran, dass die deutsche Arbeiterklasse diese Probleme für sch löst, mit ihren eigenen Kräften, in einer Umgebung von äußerem Frieden der Art, dass sich der Bürgerkrieg in Deutschland nicht in einen imperialistischen Krieg um es herum verwandelt.

Deshalb müssen alle unsere Anstrengungen, die unserer DiplomatInnen, auf die Verteidigung des Friedens gerichtet sein und sind es, seiner Verteidigung bis zum Ende. Es ist schwierig zu sagen, ob wir das schaffen werden, weil wahrscheinlich eines Tages früher oder später die Widersprüche, die es in Europa gibt, zu einem blutigen internationalen Konflikt führen werden; aber die Verteidigung des Friedens und die der deutschen Revolution und unser möglichst langer Schutz vor dem Krieg — das sind die wichtigsten Aufgaben unseres Staates. Deshalb ist es völlig falsch zu sagen, wie manche auf philisterhafte Weise in

Philisterkreisen tun, dass wir auf jeden Fall gegen Polen kämpfen werden. Es ist nicht so, dass sich die Frage stellt. Man muss sagen, dass wenn sie sich so stellen würde, die ArbeiterInnen an der Basis und die BäuerInnen uns nicht verstehen würden. Der Krieg wäre nichts Komisches, ich wiederhole es, und heute Millionen ArbeiterInnen in den Krieg zu schicken und Hunderttausende Pferde und Bauernwagen — all das ohne absolute Notwendigkeit zu tun, wäre reiner Wahnsinn und ein sehr schweres Verbrechen. Davon zu reden, in den Krieg zu gehen ohne die Unterstützung der deutschen Arbeiterklasse, ist eine Abstraktion. Was kann ein besseres Mittel zur Unterstützung der deutschen Arbeiterkasse sein als ihr die Versorgung mit Getreide zu sichern — das machen wir, indem wir das Recht auf Durchgang durch Polen fordern. Die bessere Unterstützung für die Arbeiterklasse wäre, wenn Polen nicht gegen Berlin oder Posen schlägt, und diese Unterstützung geben wir ihm, indem wir von Polen eine wechselseitige Vereinbarung erlangen, sich von jedem bewaffneten Eingreifen in den deutschen Angelegenheiten fernzuhalten. Das ist unser Programm, das wir vor die Massen bringen werden, vor die ArbeiterInnen und BäuerInnen . Damit es verwirklicht wird, dass wir die deutschen Arbeiterinnen nicht verraten, dass wir alles uns mögliche tun, um sie zu retten, aber in der Form, die für sie nützlich und nötig ist: wir kämpfen mit allen unseren Kräften und Ressourcen für die Bewahrung des Friedens, bis zur äußersten Grenze des Möglichen! Das ist unser Programm. Ist sein Erfolg garantiert? Wir wissen nicht, wie der Gang der Ereignisse in Deutschland sich in Frankreich, in Polen etc. widerspiegeln wird. Wir wissen nicht, welche Grenzen es für das Abenteurertum, den Blutdurst und die Plünderungssucht der herrschenden Klassen der verschiedenen Länder gibt. Folglich können wir nicht allen, den Massen des Landes, garantieren, dass die tatsächlichen Ereignisse nicht zu einem blutigen Konflikt führen werden und wir sagen, dass man sich darauf vorbereiten muss. Wenn man schätzt, dass die Kriegswahrscheinlichkeit weniger als 33 % beträgt, muss man sich zu 100 % darauf vorbereiten. Denn wenn das Schicksal nach allem ein blutiges Schicksal für uns sein wird, wollen wir nicht besiegt werden. Aber bei dieser Vorbereitung ist die ideologische Vorbereitung von uns selbst und der Arbeiterklassen, die hinter uns und mit uns marschieren, ein sehr wichtiger Faktor. Alle BürgerInnen dieses Landes müssen klar unsere Politik verstehen. Und das ist nicht eine Politik, leichtfertig mit dem Krieg zu spielen, dem Feuer eines europäischen Konflikts; im Gegenteil ist es ein systematischer, erbitterter, anhaltender und konsequenter politischer Kampf für die Bewahrung des Friedens rings um die deutsche Revolution. Und, GenossInnen, wir müssen dafür sorgen, dass die großen Massen unseres Landes gleichzeitig wie die Regierung und die DiplomatInnen Schritt für Schritt alle Etappen der deutschen Revolution in der internationalen Lage durchleben, damit sie sich ernsthaft in allen Maßnahmen, allen Initiativen widerspiegeln können, die von der Sowjetmacht ergriffen werden, die auf die Sicherung des Friedens durch den Durchgang und die wechselseitige Vereinbarung abzielen, nicht in die deutschen Angelegenheiten zu intervenieren.

Wenn man mit einem Bauen spricht (ich stelle die Frage auf die schmuckloseste Weise), irgendwo in der Provinz Pensa, wo man sich nicht sehr sicher ist, was Deutschland ist und wo es liegt, und ihm sagt: „Genosse oder Bauer, wir werden für die deutschen ArbeiterInnen Krieg gegen Polen machen — gib uns deinen Wagen, dein Pferd und dein Getreide", dann wird dieser Bauer euch nicht verstehen und sich von euch abwenden. Aber nehmen wir an, dass man ihm auf praktische Weise zeigt, dass wir in einem Kampf für die deutschen ArbeiterInnen für seine Interessen kämpfen, weil er sein Getreide exportieren muss und aus Deutschland Industrieprodukte importieren kann; dass durch diesen friedlichen Druck, diese Verhandlungen etc. niemand eine Maßnahme, eine Initiative ergreifen muss, und wir das Problem friedlich regeln werden. Aber nehmen wir an, dass wir es nicht schaffen, dass Polen eine Barriere zwischen uns und Deutschland wird? Wenn die herrschenden Klassen Polens wagen, einen mörderischen und selbstmörderischen Versuch zu unternehmen, beide Völker zu ersticken, die durch Polen getrennt sind, die Deutschen und uns, was unausweichlich ist, wenn es unter diesen Bedingungen Krieg gibt: wir würden allen BäuerInnen beweisen — von den ArbeiterInnen rede ich nicht —, dass sie uns gegen unseren Willen, trotz aller unserer Bemühungen, ein historisches Schicksal aufzwingen; dass wir mit ihnen und an ihrer Spitze alles uns mögliche gemacht haben, um den deutschen ArbeiterInnen auf friedliche Weise zu helfen.

Das GenossInnen, ist der wichtigste Erfolgspfand bei diesen schwierigen historischen Prüfungen, im Krieg, dass das Volk bewusst durch jede Epoche seiner Vorbereitung hindurchgeht, dass es versteht, dass wir versucht haben, das Blutvergießen zu vermeiden, das uns umgibt, dass wir alles gemacht haben, um den BäuerInnen die Möglichkeit der friedlichen wirtschaftlichen Entwicklung zu sichern, wie man ihnen als Perspektive auf der Landwirtschaftsausstellung gezeigt hat, und auch den ArbeiterInnen, die das Niveau unserer Industrie heben müssen. Ich sage, dass, wenn wir alle ernsthaften und ehrlichen Anstrengungen unternommen haben, die Massen mit uns übereinstimmen werden und wenn der Krieg trotzdem ausbricht, wird es keine Spaltung zwischen der Arbeiterregierung und der Arbeiterkasse oder zwischen der Arbeiterklasse und der Bauernschaft geben.

Wenn dann dieser ungeheure Block von diesem revolutionären Land gebildet wurde, wird es sich sagen: es geht nicht anders. Wir werden kämpfen, wir werden gut kämpfen und wir werden unsere Feinde besiegen.

Rede über die Oktoberereignisse in Deutschland

11. 4. 1924

Die linke Opposition in der Sowjetunion, Berlin 1976, Band 1. 1923-24, S. 519-23

Das letzte Jahr verlief im Zeichen des Herannahens der Revolution in Deutschland. In der zweiten Hälfte des vergangenen Jahres rückte die deutsche Revolution von Tag zu Tag näher heran. Wir sahen darin einen Hauptfaktor der internationalen Entwicklung. Wenn die deutsche Revolution gesiegt hätte, so hätte sie die internationalen Kräfteverhältnisse gründlich geändert. Die Sowjetunion mit ihren 130 Millionen Einwohnern, mit ihren unzähligen Naturreichtümern einerseits und Deutschland mit seiner Technik, mit seiner Kultur, mit seiner Arbeitermasse andererseits — ein solcher Block, ein so mächtiges Bündnis hätte der Entwicklung Europas und der ganzen Welt sofort eine neue Richtung gegeben. Der Aufbau des Sozialismus hätte ein ganz anderes Tempo genommen.

In Deutschland hat jedoch die Revolution, trotz unserer Erwartungen, bis heute noch nicht gesiegt. Warum? Wir müssen über diese Frage nachdenken, weil wir hieraus nicht nur in bezug auf Deutschland, sondern auch in bezug auf uns selbst lernen müssen.

Auf Grund welcher Vorraussetzungen ist eine siegreiche proletarische Revolution möglich? Erforderlich ist hierzu eine gewisse Entwicklung der Produktivkräfte. Erforderlich ist, dass das Proletariat und jene Zwischenklassen, die es unterstützen, die mit ihm gehen, die Mehrheit der Bevölkerung darstellen. Erforderlich ist, dass die Vorhut die Aufgaben und Methoden der proletarischen Revolution klar begreift und entschlossen ist, sie zu verwirklichen. Erforderlich ist ferner, dass sie die Mehrheit der arbeitenden Massen in den entscheidenden Kampf hineinführt. Andererseits besteht eine unerlässliche Bedingung darin, dass die herrschende Klasse, das heißt die Bourgeoisie, desorganisiert, von der gesamten innen- und außerpolitischen Lage eingeschüchtert und ihr Wille gebrochen ist. Das sind die materiellen, politischen und psychologischen Voraussetzungen der Revolution, sind die Bedingungen des Sieges des Proletariats. Und wenn wir fragen, ob diese Bedingungen in Deutschland vorhanden waren, so glaube ich, dass wir entschieden und klar antworten müssen: ja, alle diese Bedingungen waren bis auf eine vorhanden. Ihr erinnert Euch noch an die Periode seit Mitte vorigen Jahres, Ihr erinnert Euch noch an den Misserfolg und den Zusammenbruch des passiven Widerstandes der Bourgeoisie Deutschlands gegen die Ruhrbesetzung. Bezeichnend für diese Periode war: eine vollständige Erschütterung Deutschlands. Die deutsche Mark fiel mit einer solchen rasenden Geschwindigkeit, die unser seliger Sowjetrubel hätte beneiden können. Die Preise der wichtigsten Bedarfsartikel stiegen rasend, die Unzufriedenheit der Arbeitermassen kam in offenen Zusammenstößen mit der Staatsgewalt zum Ausdruck. Die deutsche Bourgeoisie war eingeschüchtert und aktionsunfähig, die Regierungen wechselten in kurzen Abständen. Die französischen Truppen standen im deutschen Rheingebiet. Stresemann, der Ministerpräsident der großen Koalition, erklärte: „Wir sind die letzte parlamentarische bürgerliche Regierung, nach uns kommen entweder die Kommunisten oder die Faschisten." Und die Faschisten sagten: „Die Kommunisten mögen nur vorangehen, nach ihnen kommen wir." All dies bedeutete den höchsten Grad der Erschütterung aller Grundlagen der bürgerlichen Gesellschaft. Täglich schlossen sich viele ArbeiterInnen der Kommunistischen Partei an. Allerdings sind noch recht große Mengen in den Reihen der menschewistischen Partei geblieben. Aber Ihr müsst Euch daran erinnern, dass, als wir im Oktober in Petersburg die Macht an uns gerissen haben, wir an der Spitze der Gewerkschaften Menschewiki fanden, weil die Petersburger ArbeiterInnen sich unter unserer Führung mit solcher Schnelligkeit auf die Eroberung der Macht warfen, dass sie keine Zeit hatten, den alten Staub in den Gewerkschaften von sich abzuschütteln…

Aber warum haben wir in Deutschland bisher trotzdem noch nicht gesiegt? Ich glaube, dass unsere Antwort nur eine sein kann: weil es in Deutschland keine solche bolschewistische Partei gab, und diese keinen solchen Führer hatte, wie wir im Oktober. Wir stehen hier zum ersten Male einem kolossalen, historischen Versuch gegenüber, der uns zum Vergleich dienen kann. Natürlich kann man sagen, dass der Sieg in Deutschland schwerer ist. Die deutsche Bourgeoisie ist klüger und mächtiger als die unsrige. Aber die Arbeiterklasse kann sich nicht selbst ihrer Feinde erwehren. Ihr, hier in Georgien, hattet gegen eine menschewistische Regierung zu kämpfen, die Euch das Schicksal bescherte. Die deutsche Arbeiterklasse muss gegen die deutsche Bourgeoisie kämpfen. Und es kann mit voller Sicherheit gesagt werden, dass die Geschichte das deutsche Proletariat kaum noch einmal in günstigere, objektive Verhältnisse versetzen wird, als in der zweiten Hälfte des vergangenen Jahres. Woran mangelte es denn?

Es mangelte an einer so hartgestählten Partei, wie die unsere es ist. Das ist, GenossInnen, die Hauptfrage, und aus dieser Erfahrung werden alle europäischen Parteien und auch wir lernen müssen den Charakter, den Sinn und die Natur unserer Partei, die dem Proletariat den Sieg im Oktober und eine Reihe von Siegen nach dem Oktober sicherte, zu begreifen und zu schätzen.

GenossInnen, ich möchte nicht, dass meine Worte im pessimistischen Sinne ausgelegt werden, so etwa, als ob ich meinte, der Sieg des deutschen Proletariats sei auf viele Jahre hinaus verschoben. Nicht im geringsten, die Zukunft gehört uns. Wir müssen aber die Vergangenheit einer richtigen Analyse unterziehen. Der Umsturz im Oktober/November vorigen Jahres, als der deutsche Faschismus, als die Großbourgeoisie kam, ist die größte Niederlage. So müssen wir dies Ereignis verbuchen, so müssen wir es unserem Gedächtnis einschärfen, damit wir aus ihm lernen. Es war die größte Niederlage, aber aus dieser Niederlage wird die deutsche Partei lernen, durch sie gestählt werden. Die Lage bleibt auch weiterhin revolutionär. Hierauf werde ich später zurückkommen.

Wir haben im Weltmaßstabe drei Augenblicke gesehen, wo die proletarische Revolution herangereift war und zum Operationsmesser griff. So im Oktober 1917 bei uns, im September 1919 [1920] in Italien und im zweiten Halbjahr 1923 (Juli-November) in Deutschland. Wir haben eine siegreiche, proletarische Revolution hinter uns — zum ersten Mal in der Geschichte eine vollbrachte, konsequent durchgeführte und befestigte proletarische Revolution. In Italien sahen wir eine sabotierte Revolution. Das Proletariat stürzte sich mit seiner ganzen Masse auf die Bourgeoisie, besetzte die Fabriken, Werkstätten und Bergwerke. Die Sozialistische Partei aber, erschrocken vom Angriff des Proletariats auf die Bourgeoisie, versetzte dem Proletariat einen Dolchstoß in den Rücken, desorganisierte es, lähmte seine Kräfte und lieferte es dem Faschismus aus. Endlich haben wir die Erfahrung in Deutschland hinter uns, wo es eine ehrliche, der revolutionären Sache ergebene Kommunistische Partei gibt, die aber noch nicht die notwendigen Eigenschaften besitzt: Augenmaß, Entschlossenheit und Stählung. Und diese Partei hat in einem gewissen Moment die Revolution unterlassen. Unsere ganze Internationale und jeder denkende Arbeiter muss sich stets diese drei Beispiele, diese drei historischen Versuche vor Augen halten: unsere Oktoberrevolution, eine Revolution, die durch die Geschichte vorbereitet, durch uns vollbracht, konsequent durchgeführt und befestigt wurde; die Revolution in Italien, die durch die Geschichte vorbereitet und durch die Arbeiterklasse emporgehoben, aber durch die Sozialistische Partei sabotiert, vereitelt wurde; und endlich die Revolution in Deutschland, die durch die Geschichte vorbereitet wurde, die die Arbeiterklasse bereit war, auf ihre Schulter zu nehmen, die aber die ehrliche Kommunistische Partei mangels der nötigen Stählung und Führung nicht beherrschen konnte und nicht zu beherrschen verstand.

Man darf sich die Geschichte überhaupt nicht so vorstellen dass etwa zuerst das Fundament gelegt wird, worauf die Produktivkräfte erwachsen, dann das nötige Kräfteverhältnis der Klassen entsteht, das Proletariat revolutioniert und dann alles in das Kühlhaus gestellt und konserviert wird, bis die Erziehung der Kommunistischen Parteien vollendet ist: sie wird vorbereitet, die „Bedingungen" warten und warten. Wenn sie dann vorbereitet ist, dann streift sie die Ärmel in die Höhe und stürzt sich in den Kampf. Nein, die Geschichte entwickelt sich nicht in dieser Weise. Für die Revolution ist das gleichzeitige Vorhandensein der notwendigen Bedingungen erforderlich. Ja, wenn in der zweiten Hälfte des vergangenen Jahres unsere bolschewistische Partei in Deutschland gewesen wäre, mit jenem Willen, den unsere Partei hatte, hat und haben wird, mit einem Willen, der in der Tat zum Ausdruck kommt, mit jener taktischen Fähigkeit, die die Arbeitermasse fühlt und sich sagt: dieser Partei kann ich mein Schicksal anvertrauen — hätte es eine solche Partei gegeben, so hätte sie in der Aktion und durch die Aktion die Mehrheit der Arbeiterklasse für sich gewonnen. Was folgt hieraus? Hieraus folgt natürlich für unsere deutsche Partei, dass eine weitere Befestigung ihrer Reihen, die engste Verbindung mit den Massen, eine sorgfältige Auswahl der revolutionären Kämpfer und die Stählung des Parteiwillens notwendig ist.

Nun fragen wir aber: werden denn die objektiven Voraussetzungen der Revolution weiter bestehen? Diese Frage ist sehr wichtig für die Einschätzung der internationalen Lage überhaupt und der deutschen Lage im besonderen, und während der letzten Monate hat sich die Lage in Deutschland stark verändert. Es wurde eine gewisse Stabilisierung der Mark erzielt, die Preise in Deutschland springen nicht mehr so rasch in die Höhe. Die Industrie entwickelt sich, die wirtschaftliche Lage ist jetzt besser als in den vergangenen Jahren, die Arbeitslosigkeit ist etwas zurückgegangen, die Lage der Arbeiterklasse hat sich einigermaßen gebessert. Das sind unbestreitbare Tatsachen. Die Zugespitztheit der Lage hat sich somit etwas gemildert. Und was weiter? Auf diese Frage können wir jetzt nur in ganz allgemeinen Zügen antworten, aber auch diese Antwort wird zur Einschätzung. der vor uns liegenden Perspektive hinreichen. Die Entwicklung in Europa kann in der nächsten Periode zwei verschiedene Wege einschlagen, je nachdem, ob die Entente Deutschland eine Atempause gewährt oder nicht. Nach der Erfahrung des letzten Jahres, wo das rote Gespenst des Kommunismus in Deutschland fast schon Fleisch und Blut geworden war, wird vielleicht die Bourgeoisie Frankreichs, Englands und der Vereinigten Staaten versuchen, die Lage Deutschlands ein wenig zu erleichtern, ihm einen gewissen Kredit und einen Zahlungsaufschub zu gewähren, wodurch ein wirtschaftliches Leben in Deutschland möglich sein wird. Das wird unvermeidlich zu einem gewissen Aufschwung der deutschen Industrie und damit im Zusammenhange auch des deutschen Volkes führen. Die deutsche Industrie ist gegenwärtig zu 50% ihrer Leistungsfähigkeit beschäftigt, und wenn die ökonomische und finanzielle Lage Deutschlands einigermaßen erleichtert würde, so würde das eine rasche Zunahme der deutschen Ausfuhr bedeuten. Die Aufnahmefähigkeit des europäischen Marktes ist jedoch klein, und als Resultat der Zunahme der deutschen Ausfuhr würden wir in einem Jahr, vielleicht noch früher, eine katastrophale Krise der englischen und französischen Industrie vor uns haben. Die geringste Erleichterung des deutschen Schicksals steigert unvermeidlich die Krise in England, das auch heute schon ungefähr eine Million Arbeitslose zählt. Es ist ganz, klar, dass dies dem Kampfe des englischen Proletariats einen wichtigen Anstoß geben würde. Macdonald begreift natürlich, dass unter den heutigen Verhältnissen eine Hilfe für die deutsche Industrie der englischen Industrie einen Schlag versetzen kann. Er kann sich also die Hände in Unschuld waschen. Auf die Revision des Versailler Friedens hat er ja bereits verzichtet. Nehmen wir an, dass auch die Vereinigten Staaten Deutschland nicht zur Hilfe kommen und dass Poincaré seine Politik der Erwürgung Deutschlands fortsetzt, dann wird die deutsche Mark wieder beginnen, sich in einem noch rasenderen Tempo zu entwerten als vorher, die Preise werden noch rasender steigen, die Produktion wird zurückgehen, die Arbeitslosigkeit wieder zunehmen und die Revolution wird sich in einem rascheren Tempo entwickeln als im vergangenen Jahre, aber die KPD. wird nicht die Partei sein, die sie im vorigen Jahre war, sie wird jetzt die neuen Prüfungen mit größerer Erfahrung und größerer Festigkeit bestehen, und das erhöht in äußerst hohem Grade die Aussichten des Sieges. Es stehen also zweierlei Perspektiven vor uns: entweder eine zeitweilige Milderung der revolutionären Zuspitzung in Deutschland um den Preis einer unvermeidlichen Verschärfung der revolutionären Verhältnisse in ganz Europa, oder die Verschiebung der Krise in England und Frankreich um den Preis einer stürmischen Zuspitzung der Klassengegensätze in Deutschland. In beiden Fällen wird Europa den Weg großer revolutionärer Erschütterungen einschlagen müssen. Das ist im großen ganzen meine Einschätzung über die Lage im Hinblick auf die Entwicklung der Ereignisse in Deutschland.

Einleitung zu „Fünf Jahre Komintern"

20. Mai 1924

Auszug, pjat let kominterna, S. V-XVIII , hier S. VI-XI , The first five years of the Communist International, Band 1, S. 1-15, hier S. 2-8

Warum führte die deutsche Revolution nicht zum Sieg? Die Gründe dafür liegen ganz in der Taktik und nicht in den objektiven Bedingungen. Wir haben hier ein wahrhaft klassisches Beispiel einer versäumten revolutionären Lage. Vom Augenblick der Ruhrbesetzung an und noch mehr, als der Bankrott des passiven Widerstands offenkundig wurde, war es für die Kommunistische Partei notwendig, einen festen und entschlossenen Kurs zur Eroberung der Macht zu steuern. Nur eine mutige taktische Wende hätte das deutsche Proletariat im Kampf um die Macht vereinigen können. Wenn wir auf dem Dritten und teilweise auf dem Vierten Kongress den deutschen GenossInnen sagten: „Ihr werdet die Massen nur auf der Grundlage einer führenden Rolle in ihrem Kampf für Übergangsforderungen gewinnen", dann stellte sich in der Mitte des Jahres 1923 die Frage anderes: Nach allem, was das deutsche Proletariat in den vergangenen Jahren durchgemacht hatte, konnte es nur in dem Fall in die entscheidende Schlacht geführt werden, dass es überzeugt war, dass es diesmal, wie die Deutschen sagen, aufs Ganze[11] ging (das

---

11 *die zwei Worte im Original deutsch*

heißt, dass es nicht um diese oder jene Teilaufgabe, sondern um das Wesentliche ging), und dass die Kommunistische Partei bereit war, in den Kampf zu marschieren, und fähig war, den Sieg zu sichern. Aber die Kommunistische Partei führte diese Wendung ohne die notwendige Festigkeit und nach einer extremen Verzögerung durch. Sowohl die Rechten als auch die Linken stellten trotz ihres scharfen Kampfes untereinander bis September-Oktober [1923] eine ziemlich fatalistische Haltung gegenüber dem Prozess der Entwicklung der Revolution zur schau. Zu einer Zeit, wo die ganze objektive Lage forderte, dass die Partei einen entscheidenden Schlag führt, handelte die Partei nicht, um die Revolution zu organisieren, sondern wartete weiter auf sie. „Die Revolution lässt sich nicht auf einen Zeitpunkt festlegen", antworteten die Rechten und die Linken, und verwechselten die Revolution als Ganze mit einem ihrer besonderen Stadien, nämlich dem aufstand zur Machtübernahme. Mein Artikel „Kann man eine [Konterrevolution oder eine] Revolution auf einen bestimmten Zeitpunkt ansetzen?" war dieser frage gewidmet. Dieser Artikel fasst die endlosen Diskussionen und Polemiken zusammen, die vorher stattgefunden hatten. Es stimmt, dass es im Oktober einen scharfen Bruch in der Politik der Partei gab. Aber es war schon zu spät. Im Verlauf des Jahres 1923 erkannten oder spürten die Arbeitermassen, dass sich der Augenblick des entscheidenden Kampfes näherte. Aber sie sahen nicht die notwendige Entschlossenheit und Selbstvertrauen auf der Seite der Kommunistischen Partei. Und als letztere ihre fieberhaften Vorbereitungen für einen Aufstand begann, verlor sie sofort ihr Gleichgewicht und auch ihre Verbindung zu den Massen. Ungefähr das selbe passiert mit einem Reiter, der sich erst langsam einem hohen Hindernis nähert, und erst im letzten Augenblick nervös seinem Pferd die Sporen gibt. Wenn das Pferd über das Hindernis springen würde, würde es sich aller Wahrscheinlichkeit nah die Beine brechen. Es lief tatsächlich so, dass es an dem Hindernis anhielt und scheute. Das war die Mechanik der grausamsten Niederlage der deutschen Kommunistischen Partei und der ganzen Internationale im November letzten Jahres.

Als sich daraus eine scharfe Verschiebung in den wechselseitigen Kräfteverhältnissen ableitete, als die legalisierten Faschisten in den Vordergrund traten, während die KommunistInnen in den Untergrund getrieben wurden, kündigten manche GenossInnen schnell an, dass „wir die Lage überschätzten; die Revolution ist noch nicht herangereift". Natürlich ist nichts einfacher als diese Art Strategie: erst die Revolution verschlafen und dann verkünden, sie sei noch nicht reif. Aber in Wirklichkeit hat die Revolution nicht deshalb nicht zum Sieg geführt, weil sie allgemein „noch nicht reif war", sondern weil das entscheidende Kettenglied — die Führung — im entscheidenden Moment aus der Kette sprang. „Unser" Fehler liegt nicht darin, dass „wir" die Bedingungen der Revolution übersondern darin, dass „wir" sie unterschätzt haben; er liegt darin, dass „wir" nicht rechtzeitig die Notwendigkeit einer krassen und kühnen taktischen Wendung erkannten: vom Kampf um die Massen zum Kampf um die Macht. „Unser" Fehler liegt darin, dass „wir" mehrere Wochen langen alte Banalitäten wiederholten, nach denen „die Revolution nicht auf einen Zeitpunkt festgelegt werden kann" und auf diese Weise alle Zeiträume verstreichen ließen.

Hatte die Kommunistische Partei die Mehrheit der ArbeiterInnen in der zweiten Hälfte des letzten Jahres hinter sich. Es ist schwer zu sagen, was das Ergebnis gewesen wäre, wenn es damals eine Wahl gegeben hätte. Solche Fragen werden nicht durch Wahlen entschieden. Sie werden durch die Dynamik der Bewegung entschieden. Obwohl eine sehr beträchtliche Anzahl ArbeiterInnen weiterhin in den Reihen der Sozialdemokratie bleibt, war nur eine unbedeutende Minderheit bereit, eine feindliche — und selbst dann nur eine ziemlich passive feindliche — Haltung gegenüber einem Umsturz einzunehmen. Die Mehrheit der sozialdemokratischen und auch der parteilosen ArbeiterInnen fühlte stark die unterdrückende Sackgasse des bürgerlich-demokratischen Regimes und erwartete den Umsturz. Ihr vollständiges und endgültiges Vertrauen und ihre Sympathie hätte nur im Verlauf des Umsturzes selbst gewonnen werden können. Alles Gerede über die beängstigende Stärke der Reaktion, die vielen hunderttausend der Schwarzen Reichswehr etc. , erwies sich als bloße ungeheuerliche Übertreibung, woran es in den Köpfen von Menschen mit revolutionärem Verstand von Anfang an keinen Zweifel gab. Nur die offizielle Reichswehr stellte eine wirkliche Kraft dar. Aber sie war zahlenmäßig zu klein und wäre durch den Ansturm der Millionen unausweichlich weggefegt worden.

Seite an Seite mit den Massen, die schon fest von der Kommunistischen Partei gewonnen waren, wurden viel größere Massen in den Monaten der Krise von ihr angezogen und erwarteten von ihr das Kampfsignal und Führung im Kampf. Nachdem sie das nicht bekamen, begannen sie, sich genauso spontan von den KommunistInnen wegzubewegen, wie sie vorher zu ihnen hingeströmt waren. Genau das erklärt die scharfe Verschiebung im Kräfteverhältnis, das es Seeckt ermöglichte, das Feld des politischen Kampfes fast ohne Widerstand zu erobern. Inzwischen verkündeten Politiker mit fatalistischen Neigungen, die Seeckts schnelle Erfolge beobachteten: „Ihr seht, das Proletariat will nicht kämpfen." In Wirklichkeit wollten die deutschen ArbeiterInnen nach der Erfahrung eines revolutionären halben Jahrzehnts nicht mehr bloß einen Kampf, sie wollen, den Kampf, der schließlich den Sieg bringt. Nachdem sie die notwendige Führung nicht fanden, wichen sie dem Kampf aus. Dadurch zeigten sie bloß, dass die Lehren von 1918-21 in ihrem Gedächtnis tief eingebrannt sind.

Die deutsche Kommunistische Partei führte 3.600.000 ArbeiterInnen an die Wahlurnen. Wie viele verlor sie unterwegs? Es ist schwer, diese Frage zu beantworten. Aber das Ergebnis der vielen Teilwahlen zu Landtagen, Gemeinderäten und so weiter bezeugt, dass die Kommunistische Partei an den letzten Reichstagswahlen in einem schon äußerst geschwächten Zustand teilnahm. Und trotz all dem bekam sie immer noch 3.600.000 Stimmen! „Schau", sagt man uns, „die deutsche Kommunistische Partei ist hart kritisiert worden und stellt doch eine riesige Kraft dar!" Aber der Knackpunkt der ganzen Sache liegt darin, dass 3.600.000 Stimmen im Mai 1924, das heißt nach dem spontanen Abebben der Massen, nach der Festigung des bürgerlichen Regimes bezeugen, dass die Kommunistische Partei im zweiten Teil des letzten Jahres die entscheidende Kraft war, da aber leider nicht rechtzeitig verstanden und genutzt wurde. Die, die nicht einmal heute bereit sind, zu erfassen, dass die Niederlage direkt aus einer Unterschätzung oder, genauer, einer verspäteten Einsicht in die außerordentliche revolutionäre Lage des letzten Jahres — die Leute, die darauf beharren, laufen Gefahr, nichts zu lernen und daher die Revolution beim nächsten Mal wieder nicht erkennen zu wollen, wenn sie an die Tür klopft.

* * *

Dass die deutsche Kommunistische Partei ihre führenden Organe drastisch erneuert hat, ist völlig normal. Die Partei und mit ihr die Arbeiterklasse erwartete und wollte den Kampf und hoffte auf den Sieg — und bekam statt dessen eine kampflose Niederlage. Es ist nur natürlich, dass die Partei der alten Führung den Rücken zuwendet. Die Frage, ob der Linke Flügel mit der Aufgabe fertig geworden wäre, wenn er letztes Jahr die Führung gehabt hätte, hat nur beschränkte Bedeutung. Ehrlich gesagt glauben wir das nicht. Wir haben schon bemerkt, dass der Linke Flügel trotz seines scharfen Fraktionskampfs n den Grundfragen — der Machtübernahme — die formlose, halb-fatalistische, Verschleppungspolitik des damaligen Zentralkomitees teilte. Aber der bloße Umstand, dass der linke Flügel in Opposition war, machte ihn zum natürlichen Erben der Parteimacht, nachdem sich die Partei von dem alten Zentralkomitee abgewandt hatte. Gegenwärtig ist die Führung in den Händen des Linken Flügels. Dies ist ein neuer Umstand in der Entwicklung der deutschen Partei. Es ist notwendig, diesen Umstand zu berücksichtigen, ihn zum Ausgangspunkt zu nehmen. Es ist notwendig, alles mögliche zu tun, dem neuen Führungsgremium der Partei zu helfen, mit seiner Aufgabe fertig zu werden. Und dafür ist es zuallererst notwendig, die Gefahren klar zu sehen. Die erste mögliche Gefahr kann aus einer unzureichend ernsthaften Haltung gegenüber der Niederlage des letzten Jahres entspringen: eine Haltung, dass nichts Ungewöhnliches passiert sei, bloß eine kleine Verzögerung; die revolutionäre Lage wird sich bald wiederholen; wir gehen weiter wie vorher — hin zum entscheidenden Angriff. Dies ist falsch! Die Krise des letzten Jahres stellte eine kolossale Verausgabung revolutionärer Energie durch das Proletariat dar. Das Proletariat braucht Zeit, um die tragische Niederlage vom letzten Jahr zu verdauen, eine Niederlage ohne entscheidenden Kampf, eine Niederlage ohne auch nur den Versuch eines entscheidenden Kampfes. Es braucht Zeit, um sich in einer objektiven Lage erneut revolutionär zu orientieren. Das heißt natürlich nicht, dass eine lange Reihe von Jahren erforderlich ist. Aber Wochen werden dafür nicht reichen. Und es würde die größte Gefahr darstellen, wenn die strategische Linie unserer deutschen Partei jetzt wäre, die Prozesse, die gegenwärtig als Folge der Niederlage im letzten Jahr im deutschen Proletariat ablaufen, ungeduldig abschneiden zu wollen.

Wir wissen, dass letztlich die Ökonomie entscheidet. Die kleinen wirtschaftlichen Erfolge, die in den letzten paar Monaten von der deutschen Bourgeoisie geschafft wurden, sind das unvermeidliche Ergebnis der Schwächung des revolutionären Prozesses, eine gewisse — sehr oberflächliche und zerbrechliche — Stärkung der bürgerlichen „Stabilität" und so weiter. Aber die Wiederherstellung irgend eines stabilen kapitalistischen Gleichgewichts in Deutschland wurde nicht wahrnehmbar näher gebracht gegenüber dem Zustand n der Periode von Juli bis November letzten Jahres. Alle Ereignisse auf dem Weg zu diesem Gleichgewicht bedeuten so mächtige Konflikte zwischen Arbeit und Kapital und Frankreich behindert den Weg mit solchen Schwierigkeiten, dass das deutsche Proletariat für eine unbegrenzt lange bevorstehende Periode sicher sein kann, dass die wirtschaftlichen Grundlagen für die Revolution da sind. Aber diese Teilprozesse, die in den Grundlagen stattfinden, entweder vorübergehende Verschärfungen oder im Gegenteil vorübergehende Abschwächungen der Krise und ihre abgeleiteten Erscheinungen — sind für uns keineswegs gleichgültig. Wenn ein verhältnismäßig gut ernährtes und blühendes Proletariat immer sehr sensibel für auch nur kleine Verschlechterungen in seiner Lage ist, dann ist das lange leidende, lange hungernde und erschöpfte Proletariat Deutschlands sogar für die kleinsten Verbesserungen seiner Lebensbedingungen empfänglich. Dies erklärt zweifellos die — wieder sehr instabile — Stärkung der Rehen der deutschen Sozialdemokratie und der Gewerkschaftsbürokratie, die jetzt deutlich ist. Heute müssen wir mehr als jemals zuvor aufmerksam die Schwankungen der Handels- und Industriekonjunktur n Deutschland verfolgen und die Weise, wie sie sich im Lebensstandard der deutschen ArbeiterInnen widerspiegeln.

Die Wirtschaft entscheidet, aber nur in letzter Instanz. Von direkterer Bedeutung sind jene politisch-psychologischen Prozesse, die jetzt im deutschen Proletariat stattfinden und die ebenfalls ihre eigene innere Logik haben. Die Partei bekam 3.600.000 Stimmen bei den Wahlen: ein großartiger proletarischer Kren! Aber die schwankenden Elemente haben sich von uns wegbewegt. Indessen ist eine direkte revolutionäre Lage immer dadurch gekennzeichnet, dass die schwankenden Elemente uns zuströmen. Wir können annehmen, dass sich sehr viele sozialdemokratische ArbeiterInnen während der Wahlen sagten: Wir wissen sehr gut, dass unsere Führer große Schufte sind, aber wen können wir wählen? Die Kommunisten versprachen, die Macht zu übernehmen, erwiesen sich aber als unfähig und halfen nur der Reaktion.[12] Sollen wir denn den Nationalisten folgen?" Und mit Abscheu im Herzen stimmen se für die Sozialdemokraten. Wir wollen hoffen, dass die Schule der bürgerlichen Reaktion das deutsche Proletariat schnell genug in seiner überwiegenden Mehrheit zwingen wird, eine revolutionäre Orientierung zu übernehmen, und diesmal endgültiger und für immer. Es ist notwendig, auf jede Weise bei diesem Prozess zu helfen. Es ist notwendig, ihn zu beschleunigen. Aber es ist völlig unmöglich, seine unver-

---

12 *Das ist das vielsagendste Argument der sozialdemokratischen Gauner und Schufte — L.T.*

meidlichen Phasen zu überspringen. Es wäre grundlegend falsch, die Lage so darzustellen, als ob nichts außergewöhnliches passiert sei, als ob nur eine kleine Stockung eingetreten sei. Das würde nur zu den größten strategischen Fehlern führen. Was stattgefunden hat, ist keine oberflächliche Stockung, sondern eine ungeheure Niederlage. Die proletarische Vorhut muss ihre Bedeutung verdauen. Auf der Grundlage dieser Lehre muss die proletarische Vorhut den Prozess der proletarischen Kräfte um die 3.600.000 beschleunigen. Die revolutionäre Flut, dann die Ebbe und dann die neue Flut — diese Prozesse haben ihre eigene innere Logik und ihr eigenes Tempo. Revolutionen entfalten sich, wie gesagt, nicht bloß, Revolutionen werden organisiert. Aber es ist nur auf der Grundlage ihrer eigenen inneren Entwicklung möglich, Revolutionen zu organisieren. Die kritischen, abwartenden skeptischen Stimmungen in breiten Kreisen des Proletariats nach dem was passiert ist zu ignorieren, bedeutet, auf eine neue Niederlage zuzusteuern. Einen Tag nach der Niederlage kann selbst die beste revolutionäre Partei nicht willkürlich zu einer neuen Revolution aufrufen, genauso wenig wie der beste Geburtshelfer alle drei oder auch nur fünf Monte eine Geburt herbeiführen kann. Dass die revolutionäre Geburt des letzten Jahres nicht stattfand, ändert nichts daran. Das deutsche Proletariat muss durch ein Stadium der Wiederherstellung und Sammlung seiner Kräfte für einen neuen revolutionären Höhepunkt gehen, bevor die Kommunistische Partei nach einer Einschätzung der Lage das Zeichen für einen neuen Ansturm geben kann. Aber auf der anderen Seiten wissen wir, dass keine geringere Gefahr drohen würde, wenn bei einer neuen Wende die Kommunistische Partei erneut die revolutionäre Lage nicht erkennen und dadurch sich erneut als unfähig erweisen würde, sie bis zum ende zu nutzen.

Zwei große Lehren kennzeichnen die Geschichte der deutschen Kommunistischen Partei: März 1921 und November 1923. Im ersten Fall verwechselte die Partei ihre eigene Ungeduld mit einer herangereiften revolutionären Lage; im zweiten Fall war sie unfähig, die herangereifte revolutionäre Lage zu erkennen, und ließ sie verstreichen. Dies sind die extremen Gefahren von „links" und „rechts" — dies sind die Begrenzungen, zwischen denen die Politik der proletarischen Partei in unserer Epoche allgemein verläuft. Wir werden weiter fest hoffen, dass die deutsche Kommunistische Partei es bereichert durch Kämpfe, Niederlagen und Erfahrungen in nicht zu ferner Zukunft schaffen wird, ihr Schiff zwischen der „März"-Skylla und der „November"-Charybdis hindurchzusteuern und dem deutschen Proletariat zu sichern, was es so ehrlich verdient hat: den Sieg!

Die deutschen Ereignisse des Jahres 1923 und die Lehren des Oktober

1928

Aus: "Der Programmentwurf der Kommunistischen Internationale - Kritik der grundlgegenden Thesen", II. Abschnitt, 4. Kapitel, http://www.marxists.org/deutsch/archiv/trotzki/1928/k ritik/teil2a.htm#s4

Den Wendepunkt, der einen neuen, nachleninschen Zeitabschnitt in der Entwicklung der Komintern eröffnet, bilden die deutschen Ereignisse von 1923. Die Ruhrbesetzung durch die französischen Truppen 1923 bedeutete einen Rückfall in das Kriegschaos in Europa. Obwohl das zweite Auftreten dieser Krankheit unvergleichlich schwächer als das erste war, so musste man doch, da der bereits völlig entkräftete Organismus Deutschlands davon ergriffen wurde, heftige revolutionäre Folgen erwarten.

Die Führung der Komintern hat das nicht rechtzeitig erwogen. Und die deutsche Kommunistische Partei fuhr fort, bei der einseitig verstandenen Parole des 3. Kongresses zu verharren, die sie von dem bedrohlichen Weg des Putschismus abwenden sollte, Wir haben oben bereits erwähnt, dass es für eine revolutionäre Leitung in unserer Zeit der jähen Wendungen das schwerste ist, in dem betreffenden Augenblick den Puls der politischen Ereignisse zu fühlen, um jede scharfe Schwenkung abzufangen und rechtzeitig das Steuer zu wenden. Solche Eigenschaften einer revolutionären Führung werden nicht dadurch allein erworben, dass man auf jedes neue Rundschreiben der Komintern schwört. Sie können nur bei Vorhandensein der nötigen theoretischen Voraussetzungen durch selbständige Erfahrungen und wirkliche Selbstkritik erworben werden.

Die jähe Wendung von der Taktik der Märztage von 1921 zu einer systematischen revolutionären Arbeit in der Presse, in den Versammlungen, Gewerkschaften und Parlamenten war natürlich nicht leicht. Nachdem die Krise dieser Wendung überstanden war, entstand die Gefahr der Entwicklung einer direkt entgegengesetzten Einseitigkeit. Der Tageskampf um die Massen verschlingt die gesamte Aufmerksamkeit. Er schafft eine eigene taktische Routine und lenkt den Blick von den aus einer Veränderung der objektiven Situation entspringenden strategischen Aufgaben ab.

Im Sommer 1923 war die innere Lage Deutschlands, besonders in Verbindung mit dem Zusammenbruch der Taktik des passiven Widerstandes, direkt katastrophal. Es wurde ganz klar, dass die deutsche Bourgeoisie nur dann aus dieser „ausweglosen" Lage einen Ausweg finden konnte, wenn es die Kommunistische Partei nicht rechtzeitig begriff, dass die Lage der Bourgeoisie „ausweglos" war und nicht die nötigen revolutionären Folgerungen daraus zog. Jedoch die Kommunistische Partei, in deren Hand der Schlüssel lag, war es gerade, die mit diesem Schlüssel die Tür für die Bourgeoisie öffnete.

Warum hatte die deutsche Revolution nicht zu einem Siege geführt? Die Gründe liegen vollständig in der Taktik, nicht in den Vorbedingungen. Wir besitzen hier ein klassisches Beispiel einer entgangenen revolutionären Situation. Nach alledem, was das deutsche Proletariat in den letzten Jahren durchgemacht hatte, konnte man es nur dann zu einem Entscheidungskampfe führen, wenn es überzeugt war, dass die Frage diesmal wirklich zur Entscheidung gebracht wird, und dass die Kommunistische Partei bereit ist zu kämpfen, und fähig, den Sieg zu erringen. Aber die Kommunistische Partei ging dabei nur sehr unentschlossen und verspätet zu Werke. Nicht allein die Rechten, sondern auch die Linken, trotzdem sie sich sehr scharf bekämpft haben, betrachteten vor dem September-Oktober 1923 den Prozess der revolutionären Entwicklung ziemlich fatalistisch.

Jetzt nach den Ereignissen zu untersuchen, wie weit die Eroberung der Macht bei einer richtigen Politik „gesichert" gewesen wäre, ist etwas für einen Pedanten und nicht für einen Revolutionär. Ich beschränke mich darauf, hier nur ein diesbezügliches wundervolles, wenn auch zufälliges Zeugnis der Prawda anzuführen, das allerdings mit allen übrigen Urteilen dieses Organs in Widerspruch steht:

„Wenn die Kommunisten im Mai 1924 während der Stabilisierung der Mark und gewisser Festigung der Bourgeoisie, nach dem Übergang der Mittelschichten und des Kleinbürgertums zu den Nationalisten, nach einer tiefen Parteikrise und nach einer schweren Niederlage des Proletariats, wenn sie also nach alledem vermochten, 3.760.000 Stimmen auf sich zu vereinigen, so ist es klar, dass im Oktober des Jahres 1923 während der unerhörten Wirtschaftskrise, während einer völligen Zersetzung der Mittelschichten, während eines schrecklichen Durcheinanders in den Reihen der Sozialdemokratie infolge der scharfen Widersprüche innerhalb der Bourgeoisie selbst und einer noch nicht dagewesenen Kampfstimmung der proletarischen Massen in den Industriezentren, die Kommunistische Partei die Mehrheit der Bevölkerung auf ihrer Seite hatte, kämpfen konnte und musste und alle Chancen des Erfolges für sich hatte." (Prawda, 23. Mai 1924.)

Und hier die Worte eines mir unbekannten deutschen Delegierten auf dem 5. Weltkongress:

„Es gibt in Deutschland nicht einen einzigen Arbeiter, der nicht wüsste, dass die Partei in den Kampf gehen musste und ihn nicht vermeiden durfte. Die Führer der KPD. hatten die selbständige Rolle der KPD. vergessen. Das war eine der Hauptursachen der Oktoberniederlage." (Prawda, 24. Juni 1924.)

Darüber, was im Jahre 1923, besonders in seiner zweiten Hälfte, in den Spitzen der deutschen Partei und der Komintern vor sich gegangen war, ist bereits sehr viel gesprochen und diskutiert worden, wenn auch nicht immer zutreffend. Besonders hat Kuusinen viel Verwirrung in diese Fragen hineingetragen; derselbe Kuusinen, dessen Aufgabe in den Jahren 1924-26 darin bestand, zu beweisen, dass nur in der Führung Sinowjews die Rettung lag und der von dem und dem Datum des Jahres 1926 ab zu beweisen begann, dass die Führung Sinowjews vernichtend war. Die für eine solche verantwortungsvolle Beurteilung der Lage erforderliche Autorität wird Kuusinen wohl durch die Tatsache verliehen, dass er selber im Jahre 1918 alles, was in seinen schwachen Kräften lag, getan hatte, um die Revolution des finnischen Proletariats dem Untergange zu weihen.

Der Versuch, mir nachträglich eine Solidarität mit der Linie Brandlers zu unterschieben, ist bereits mehr als einmal unternommen worden. Zwar wurde das in der .UdSSR nur in maskierter Form zu machen versucht, da hier viele wussten, wie die Sache in Wirklichkeit stand, dagegen in Deutschland ganz offen, da dort niemand etwas wüsste. Ganz zufällig befindet sich in meinem Besitz ein im Druck erschienenes Bruchstück jenes ideologischen Kampfes, der damals in unserem ZK über die Frage der deutschen Revolution geführt worden ist. In dem Material zur Januarkonferenz 1924 werde ich vorn Politbüro direkt eines feindseligen Misstrauens gegen das deutsche ZK in der, der Kapitulation desselben vorangehenden Periode beschuldigt. Es heißt dort wörtlich:

„... Genösse Trotzki hielt, bevor er die Sitzung des ZK verließ (September, Plenum 1923) eine Rede, welche sämtliche ZK-Mitglieder sehr erregte. Er erklärte in dieser Rede, dass die Leitung der deutschen Kommunistischen Partei gar nichts tauge, und dass das ZK der KPD angeblich vom Fatalismus und von Schlafmützigkeit durchdrungen sei usw. Genösse Trotzki erklärte weiter, dass unter diesen Umständen die deutsche Revolution zum Untergange verurteilt sei. Diese Rede hatte einen ungeheuren Eindruck hervorgerufen. Doch die Mehrheit der Genossen war der Ansicht, dass diese Philippika durch einen Vorfall hervorgerufen sei (?), der sich auf dem Plenum des ZK ereignete und gar nichts mit der deutschen Revolution zu tun hatte und diese Darlegung mit der objektiven Sachlage in Widerspruch stünde." (Material zur Konferenz der RKP, Januar 1924, S.14. Hervorhebung von mir – L.T.)

Es ist ganz gleich, wie die ZK-Mitglieder sich meine Warnung – übrigens nicht die erste – erklären wollten, sie war nur von der Sorge um das Schicksal der deutschen Revolution diktiert worden. Leider ist meine Befürchtung voll und ganz in Erfüllung gegangen. Zum Teil auch deshalb, weil die Mehrheit des ZK der führenden Partei nach ihrem eigenen Eingeständnis es nicht rechtzeitig begriffen hatte, dass meine Warnung der „objektiven Sachlage" sehr wohl entsprach. Gewiss ging mein Vorschlag nicht darauf hinaus, das ZK Brandlers durch irgendein anderes zu ersetzen, denn das wäre am Vorabend der entscheidenden Ereignisse das reinste Abenteurertum gewesen. Ich forderte seit dem Sommer 1923 eine zeitgemäße und entschlossene Stellungnahme zu der Frage des bewaffneten Aufstandes und eine entsprechende Mobilisierung der Kräfte zur Unterstützung des deutschen Zentralkomitees. Die späteren Versuche, mir eine Solidarität mit der Linie des ZK Brandlers unterzuschieben, dessen Fehler eigentlich nur eine Widerspiegelung der Fehler der Komintern-Führung waren, sind hauptsächlich durch den Umstand hervorgerufen worden, dass ich nach der Kapitulation der deutschen Partei mich dagegen wandte, dass man Brandler allein zum Sündenbock machte, obwohl, oder richtiger, weil ich die deutsche Niederlage viel ernster nahm als die Mehrheit des ZK. Hier, wie auch in anderen Fällen, bekämpfte ich das unzulässige System, welches nur die Unfehlbarkeit der zentralen Führung durch periodische Absetzungen der nationalen Führungen zu beweisen sucht, wobei diese einer wilden Hetze und oft sogar dem Ausschluss aus der Partei verfallen.

In meinen, unter dem Eindruck der Kapitulation des deutschen ZK entstandenen Lehren des Oktober wird von mir der Gedanke entwickelt, dass in der gegenwärtigen Epoche, eine revolutionäre Situation, die man nur einige Tage auszunützen versäumt hat, erst nach Jahren wiederkehren wird. Dieser Gedanke – es ist kaum zu glauben – ist als „Blanquismus" und „Individualismus" bezeichnet worden.

Die unzähligen Artikel, die gegen die „Lehren des Oktobers" gerichtet wurden, beweisen nur, wie gründlich bereits die Erfahrungen des Oktoberumsturzes vergessen
worden sind, und wie wenig die Lehren daraus ins Bewusstsein gedrungen sind. Die Verantwortung für die
Fehler der Führung den Massen zuschieben zu wollen
oder die Bedeutung der Führung überhaupt herabzuset-
zen, das ist eine typische menschewistische Gewohnheit.
Sie entspringt der Unfähigkeit, den „Überbau" überhaupt
dialektisch zu verstehen, nämlich den Überbau über die
Klasse, welchen die Partei bildet, und den Überbau über
die Partei, d.h. die zentrale Leitung derselben. Es gibt
Zeitabschnitte, in welchen sogar Marx und Engels die
Entwicklung nicht um einen Zoll breit hätten vorwärts
treiben können. Es gibt aber auch Zeiten, in denen Leute
von viel geringerem Ausmaße, am Steuer stehend, die
Entwicklung der internationalen Revolution für eine ganze Reihe von Jahren aufhalten können.

Die in der letzten Zeit unternommenen Versuche, die Sache so darzustellen, als ob ich auf meine „Lehren des
Oktobers" verzichtet hätte, sind vollkommen unsinnig.

Gewiss, einen „Fehler" zweiter Ordnung gemacht zu haben, habe ich eingestanden. Mir schien nämlich, als ich
meine „Lehren des Oktobers" schrieb, also im Sommer
1924, als ob Stalin im Herbst 1923 eine weiter links ste-
hende – d.h. linkszentristische – Stellung als Sinowjew
eingenommen hätte.

Ich war eben in das innere Lehen der Gruppe, die die
Rolle des Zentrums, der Apparatfraktion der Mehrheit,
inne hatte, nicht eingeweiht. Die nach der Spaltung dieser
Fraktionsgruppe veröffentlichten Dokumente, besonders
der rein brandlerische Brief Stalins an Sinowjew und Bu-

charin, überzeugten mich, dass meine Einschätzung dieser persönlichen Gruppierung, die übrigens mit dem Wesen der gestellten Probleme an sich nichts zu tun hatte, unrichtig war. Aber auch dieser Personenfehler ist gar nicht so groß. Der Zentrismus ist wohl einzelner großer Ausschläge nach links fähig, doch wie es die „Evolution" Sinowjews wieder gezeigt hat, ist er ganz unfähig eine einigermaßen systematische revolutionäre Linie innezuhalten.

Die von mir in den „Lehren des Oktober" ausgeführten Gedanken bleiben auch jetzt vollkommen in Kraft. Ja, noch mehr, sie bekommen nach 1924 immerzu neue und neue Bestätigung.

Unter den zahlreichen Schwierigkeiten bei einem proletarischen Umsturz befindet sich eine besondere, bestimmte, spezifische Schwierigkeit. Sie entspringt aus der Lage und den Aufgaben einer revolutionären Parteileitung. Selbst die revolutionärsten Parteien riskieren bei sich scharf überstürzenden Ereignissen, Parolen und Kampfmaßnahmen von gestern den neuen Aufgaben und Bedürfnissen gegenüberzustellen. Und eine schärfere Wendung der Ereignisse als die, welche den bewaffneten Aufstand erfordert, kann es doch überhaupt nicht geben. Gerade hier entsteht auch die Gefahr, dass die Politik der Parteiführung und der Partei überhaupt dem Auftreten der Klasse und den Bedürfnissen der Situation nicht entspricht. Bei einem verhältnismäßig ruhigen Gang des politischen Lebens kann ein solcher Widerspruch, wenn auch mit Verlust, so doch ohne eine Katastrophe, ausgeglichen werden. Zur Zeit einer heftigen Krise aber fehlt es gerade an der Zeit, um diesen Widerspruch zu beseitigen und die Front sozusagen unter Feuer auszugleichen. Die Perioden der höchsten Verschärfung einer revolutionären Krise sind ihrer Natur nach stets nur kurz. Dieser Widerspruch zwischen einer revolutionären Führung (Schwankungen, abwartende Haltung trotz des Ansturms der Bourgeoisie) und der objektiven Situation kann im Laufe einiger Wochen und sogar Tage zu einer Katastrophe und zu einem Verlust des in jahrelanger Arbeit Vorbereiteten führen.

Gewiss kann dieser Widerspruch zwischen der Führung und der Partei oder der Partei und der Klasse auch den entgegengesetzten Charakter tragen. Das ist dann der Fall, wenn die Führung die Entwicklung der Revolution überholt und den fünften Monat der Schwangerschaft für den neunten hält. Ein krasses Beispiel für einen derartigen Widerspruch sind die Vorgänge in Deutschland im März 1921. Dort hatten wir in der Partei ein krasses Auftreten der „Kinderkrankheit des Radikalismus", deren Folgen der Putschismus (revolutionäres Abenteurertum) war. Diese Gefahr war auch für die Zukunft aktuell. Deshalb behalten die Lehren des 3. Kongresses der Komintern ihre Kraft. Allein die deutsche Erfahrung von 1923 hat uns die entgegengesetzte Gefahr in harter Wirklichkeit vorgeführt. Die Situation war reif, und die Führung blieb zurück. Bis dieser Widerspruch ausgeglichen war, hatte sich die Situation schon geändert, die Massen fluteten zurück, und das Kräfteverhältnis wurde wesentlich schlechter.

Die deutsche Niederlage von 1923 hatte natürlich viel nationale Eigenart gehabt. Sie enthielt aber auch schon viele typische Merkmale, die eine allgemeine Gefahr signalisierten. Diese Gefahr konnte man als die Krise der revolutionären Führung am Vorabend des Übergangs zum bewaffneten Aufstand bezeichnen. Die Tiefen einer proletarischen Partei sind ihrer Natur nach schon weit weniger empfänglich gegenüber der bürgerlichen öffentlichen

Meinung. Bestimmte Elemente der Parteispitze und der mittleren Parteischicht werden stets im entscheidenden Moment unfehlbar in größerem oder kleinerem Maße dem materiellen und ideologischen Terror der Bourgeoisie unterliegen. Man darf eine solche Gefahr nicht einfach von sich weisen. Gewiss, es gibt dagegen kein für alle Fälle gültiges Mittel. Jedoch der erste Schritt zu ihrer Bekämpfung – das bedeutet ihre Natur und ihre Quelle zu erfassen. Die unfehlbare Erscheinung oder Entwicklung rechter Gruppierungen in allen kommunistischen Parteien in der „Vor-Oktober"-Periode ist einerseits eine Folge der größten objektiven Schwierigkeiten und Gefahren dieses „Sprunges", andererseits aber die Folge eines wütenden Ansturms der öffentlichen Meinung der Bourgeoisie. Darin besteht auch der ganze Sinn der rechten Gruppierungen. Und gerade darum entstehen unfehlbar Unschlüssigkeit und Schwankungen in den kommunistischen Parteien in dem Augenblick, wo diese gerade am gefährlichsten sind. Bei uns wurde 1917, innerhalb der Parteispitze, nur eine Minderheit von solchen Schwankungen ergriffen, die aber dank der scharfen Energie Lenins überwunden wurden. In Deutschland dagegen hatte die Führung insgesamt geschwankt, und das wurde auf die Partei und durch diese auf die Klasse übertragen. Die revolutionäre Situation wurde dadurch versäumt. In China, wo die Arbeiter und armen Bauern für die Machtergreifung kämpften, hat die zentrale Führung gegen diesen Kampf gearbeitet. Das alles waren natürlich nicht die letzten Krisen der Führung in einem entscheidenden historischen Augenblick. Diese unabwendbaren Krisen auf ein Minimum zu beschränken, ist eine der wichtigsten Aufgaben der kommunistischen Parteien und der Komintern. Das kann man nur erreichen, wenn man die Erfahrungen des Oktobers 1917 und den politischen Inhalt der damaligen rechten Opposition innerhalb unserer Partei begreift und sie den Erfahrungen der deutschen Partei im Jahre 1923 gegenübersteht. Darin liegt der Sinn der Lehren des Oktober.

Personen,
Fachausdrücke...

Amsterdamianer: In Amsterdam war der Sitz des reformistischen internationalen Gewerkschaftsdachverbandes

Brand: polnischer Kommunist, Delegierter auf dem 3. Komintern-Kongress. In einem Redebeitrag auf dem Kongress zu Trotzkis Referat über die wirtschaftlichen Perspektiven meinte er, dass der Umstand, dass Trotzki als Chef der Roten Armee das Referat gehalten hatte, zeige, dass das Schwert eine wichtigere Sache als die Statistik sei. Trotzki lehnte diese Gegenüberstellung ab und meinte in seinem Schlusswort: "Nun muss ich ganz offen erklären, dass ich mit der Statistik der Roten Armee viel mehr als mit dem Schwerte zu tun hatte. (Heiterkeit.) Wenn Genosse Brand und andere Genossen glauben, dass ich mich, um so auszudrücken, mit dem Schwerte in der Hand an den Kämpfen der Roten Armee beteiligt habe, so haben diese Genossen allzu romantische Auffassungen von meiner Funktion. Ich habe mich vielmehr mit der Zahl der Stiefel, der Hosen — und, ich bitte um Verzeihung — auch der Unterhosen beschäftigt (Heiterkeit), als mit dem Schwert. Ich glaube überhaupt, dass kein Widerspruch besteht zwischen dem Schwert und der Statistik"

Bolschewiki ("Mehrheitler"): 1903 linke Fraktion der Sozialdemokratischen Arbeiterpartei Russlands, 1912 unabhängige Partei

Brest(-Litowsk): Am Tag nach der Oktoberrevolution bot der Sowjetkongress allen kriegführenden Ländern Friedensverhandlungen an. Ein Monat später wurde ein Waffenstillstand mit Deutschland unterzeichnet. Daraufhin begannen in Brest-Litowsk Friedensverhandlungen mit Deutschland und Österreich, die Entante-Länder lehnten eine Teilnahme ab. Im Januar war die Mehrheit des bolschewistischen Zentralkomitees gegen Lenin für eine Verschleppung der Verhandlungen, weil sie auf die gerade stattfindenden Massenstreiks in Deutschland und Österreich hoffte. Am 10. Februar brach Trotzki als russischer Delegationsleiter die Verhandlungen ab. In der Nacht vom 17. auf den 18. Februar rückten die deutschen Truppen vor. Daraufhin mussten am 23. Februar die Bolschewiki noch härtere Waffenstillstandsbedingungen akzeptieren. Die Ukraine und das Baltikum mussten an Deutschland, Kars, Batum und Ardahan an die Türkei übergeben werden. Durch die Revolution in Deutschland wurde der Vertrag hinfällig

Bucharin, Nikolai Iwanowitsch (1888-1938), seit 1912 Bolschewist, bis 1921 meist auf dem linken Flügel, dann auf dem rechten, 1925 Stalin bei Entmachtung von Sinowjew und Kamenjew geholfen, für umfassende Zugeständnisse an Kapitalisten, 1928 von Stalin entmachtet, 1938 nach Schauprozess erschossen

Clemenceau, Georges Benjamin (1841-1929), französischer Politiker, zunächst auf dem linken Flügel der radikalen Partei, 1906-9 Ministerpräsident, setzte Militär gegen streikende ArbeiterInnen ein, im Ersten Weltkrieg Chauvinist, 1917-20 Ministerpräsident, Scharfmacher bei den Versailler Friedensverhandlungen

David, Eduard (1863-1930): Sozialdemokrat, 1903 Reichstagsabgeordneter, August 1914 Hauptdrahtzieher der Unterstützung des deutschen Imperialismus im Krieg, im Oktober 1918 Unterstaatssekretär im Auswärtigen Amt, danach mehrmals Minister

Dissidenten: Der Parteitag der französischen sozialistischen Partei (SFIO) beschloss auf dem Parteitag in Tours 1920 den Beitritt zur Kommunistischen Internationale und wandelte sich zur Kommunistischen Partei Frankreichs um. Die Minderheit, die diesen Schritt nicht mitgehen wollte und die SFIO fortführte, wurde von der Mehrheit als Dissidenten bezeichnet.

Ebert, Friedrich (1871-1925): Sozialdemokrat, 1912 Reichstagabgeordneter, 1913-19 Parteivorsitzender, 11. 11. 1918 führendes Mitglied des Rats der Volksbeauftragten, 11. 2. 1919 Reichspräsident bis zu seinem Tod, setzte wiederholt diktatorische Mittel gegen die revolutionäre Arbeiterbewegung ein.

Frossard, Louis-Olivier (1889-1946): 1918 Generalsekretär der SFIO, 1920-22 der Kommunistischen Partei Frankreichs, 1923 Rückkehr zur SFIO, stand in dreißiger Jahren auf ihrem rechtem Flügel, 1940 Mitglied in der mit den Nazis zusammenarbeitenden Vichy-Regierung

Guesde, Jules (1845-1922): Begründer des französischen Marxismus, lief im Ersten Weltkrieg zum Imperialismus über

Haase, Hugo (1861-1919): 1913 zusammen mit Friedrich Ebert SPD-Vorsitzender, trug zu Kriegsbeginn die sozialchauvinistische Politik der Fraktionsmehrheit mit, wurde dann Sprecher der halbherzigen Opposition, Mitbegründer der USPD, trat in der Revolution in den Rat der Volksbeauftragten ein, 1919 ermordet.

Heckert, Friedrich (1884-1946): erst SPD, dann Spartakusbund, dann KPD, 1921 Mitglied im Exekutivkomitee der Komintern, 1923 mit Heinrich Brandler in der sächsischen Arbeiterregierung, später Stalinist

Hoffmann, Max (1867-1927): deutscher General, Teilnehmer der Verhandlungen von Brest-Litowsk, nach dem Krieg hetzte er für einen gemeinsamen Krieg der Großmächte gegen die Sowjetunion.

Julitage: bewaffnete Demonstrationen am 16./17. Juli 1917 in Russland, um den damals von Menschewiki und Sozialrevolutionären beherrschten Sowjet zu zwingen, die Macht zu übernehmen. Die Bewegung wurde blutig unterdrückt und als Putschversuch verleumdet, was sich bis in die heutigen Schulbücher fortsetzt.

Kadetten (Konstitutionelle Demokraten): Partei des liberalen Bürgertums, März bis Oktober 1917 an der Regierung beteiligt

KAG (Kommunistische Arbeitsgruppe): Von Paul Levi nach seinem Ausschluss aus der KPD 1921 gegründete Organisation. Ihr schlossen sich zahlreiche Funktionäre an, im Winter 1921/22 stieß auch der bisherige KPD-Generalsekretär Friesland (alias Ernst Reuter, später SPD-Bürgermeister von West-Berlin) dazu, aber wenige Basismitglieder. 1922 schloss sich die Organisation der USPD und einige Monate später zusammen mit der USPD der SPD an.

Kahr, Gustav Ritter von (1862-1934): 1920/21 bayrischer Ministerpräsident, übernahm im September 1923 als „Generalstaatskommissar" die Exekutive, im Oktober den bayrischen Teil der Reichswehr, lehnte Hitlers Putsch am 9. 11. 1923 ab

KAPD (Kommunistische Arbeiterpartei Deutschlands): 1920 von aus der KPD ausgeschlossenen Linksabweichlern gegründete Organisation. Die Komintern kritisierte das undemokratische Vorgehen der KPD-Führung unter Levi und versuchte, die revolutionären ArbeiterInnen in der Organisation von ihren linken Kinderkrankheiten zu heilen. Deshalb nahm sie die KAPD als sympathisierende Organisation auf und versuchte bis 1921, ihre Rückkehr in die KPD zu erreichen. Inzwischen erklärte die KAPD aber die Komintern für eine konterrevolutionäre Organisation. Schon bald zerfiel sie in mehrere Sekten.

Kapp, Wolfgang (1858-1922): Verwaltungsbeamter, gründete 1917 mit Admiral Tirpitz „Deutsche Vaterlandspartei", 13. März 1920 gemeinsam mit General von Lüttwitz Putsch in Berlin, der durch einen Generalstreik vereitelt wurde. Die SPD-Regierung schickte daraufhin die Reichswehr, die sich geweigert hatte, gegen den Putsch vorzugehen, zur Unterdrückung der Arbeiterinnen im Ruhrgebiet, die sich gegen den Putsch bewaffnet hatten („Rote Ruhrarmee").

Kautsky, Karl (1854-1938): galt vor dem Ersten Weltkrieg als Cheftheoretiker des internationalen Marxismus, bekämpfte aber ab 1910 den marxistischen Flügel der SPD um Rosa Luxemburg. Von Kautskys Flügel in der SPD („marxistisches Zentrum" zwischen Bernsteins Revisionismus und Rosa Luxemburgs „Radikalismus", in

Worten revolutionär und marxistisch, in Taten reformistisch) leitet sich der Begriff Zentrismus ab.

„In Deutschland, Österreich, Russland und den anderen slawischen Ländern war Kautsky eine unbestrittene marxistische Autorität geworden. (…) Fast bis zum Weltkriege sah Lenin in Kautsky den wahren Fortsetzer der Sache von Marx und Engels.

Dieser Irrtum findet seine Erklärung im Charakter der Epoche, die eine Ära kapitalistischen Aufschwungs, eine Ära der Demokratie und der Anpassung des Proletariats war. Die revolutionäre Seite des Marxismus, hatte sich in eine unbestimmte, jedenfalls ferne Perspektive verwandelt. Kampf um Reformen und Propaganda standen auf der Tagesordnung. Kautskys Werk bestand darin, die Politik der Reformen vom Standpunkte einer revolutionären Perspektive aus zu kommentieren und zu rechtfertigen. Selbstverständlich hätte Kautsky bei einer Änderung der objektiven Bedingungen die Partei mit anderen Methoden ausrüsten können. Das trat jedoch nicht ein. Das Einsetzen einer Epoche großer Krisen und Erschütterungen offenbarte den durch und durch reformistischen Charakter der Sozialdemokratie und ihres Theoretikers Kautsky. Zu Beginn des Krieges brach Lenin entschlossen mit Kautsky. (…) Kautsky war im Grunde sein Leben lang nur ein talentierter Kommentator. Seinem Charakter und seinem Denken fehlte jede Kühnheit und jeder Gedankenflug, ohne die eine revolutionäre Politik unmöglich ist. Beim ersten Kanonenschuss nahm er eine schwankende, pazifistische Haltung ein, dann wurde er einer der Führer der Unabhängigen Sozialdemokratischen Partei, die eine Internationale Zweieinhalb schaffen wollte, um schließlich mit den Trümmern der Unabhängigen Partei in den Schoß der Sozialdemokratie zurückzukehren. Kautsky begriff nichts von der Oktoberrevolution, hatte vor ihr den Schrecken eines kleinbürgerlichen Gelehrten und widmete ihr eine ganze Reihe von Arbeiten, die vom Geiste erbitterter Feindschaft durchdrungen sind. Seine Werke aus dem letzten Vierteljahrhundert zeichnen sich durch vollständigen theoretischen und politischen Verfall aus." (Leo Trotzki: Karl Kautsky, 8. November 1938, in: Schriften über Deutschland, a.a.O., Band 2, S. 750f.)

Kerenski, Alexander Fjodorowitsch, 1882-1970, Sozialrevolutionär, zwischendurch Chef der Trudowiki, einer Partei zwischen Sozialrevolutionären und Kadetten, Anwalt, März 1917 als einziger nichtbürgerlicher Minister in provisorischer Regierung, Mai Kriegsminister, Juli Ministerpräsident, durch Oktoberrevolution vertrieben

Koenen, Wilhelm (1886-1968): 1919-32 Reichstagabgeordneter, erst USPD, dann KPD, später Stalinist

Koltschak, Alexander Wassiljewitsch (1874-1920): russischer Admiral, bildete 1918 in Sibirien eine konterrevolutionäre Armee gegen Sowjetrussland, wurde 1919 besiegt und hingerichtet.

KommunardInnen: TeilnehmerInnen der Pariser Kommune (18. März bis 28. Mai 1871), des revolutionären Aufstands der Pariser ArbeiterInnen gegen die bürgerliche Regierung

Kommunistische Internationale: Seit die meisten Parteien der 1889 gegründeten Sozialistischen Internationale 1914 die Kriegspolitik ihrer Regierungen unterstützten, waren die revolutionären MarxistInnen der Ansicht, dass der Aufbau einer neuen Internationale notwendig war. Im März 1919 wurde daher die Kommunistische Internationale (Komintern, KI) gegründet. Mit der Errichtung einer bürokratischen Diktatur in der Sowjetunion verkam sie seit Mitte der Zwanziger Jahre zu einem Hilfsmittel von Stalins Außenpolitik. 1943 ließ Stalin sie auflösen.

Konservative: Partei der Großgrundbesitzer in Deutschland

Kornilow, Lawr Georgewitsch: , 1870-1918, Zarengeneral, unter Kerenski Höchstkommandierender, im August 1917 Putschversuch, kommandierte 1918 konterrevolutionäre Kosakenarmee in Ukraine, dort gefallen

Krassin, Leonid Borisowitsch (1870-1926): 1903-8 russischer Sozialdemokrat, Bolschewist, Versöhnler, ultralinks, dann jahrelang inaktiv, nach der Revolution ab Dezember 1917 Funktionen im Wirtschafts- und Handelsbereich, 1920-23 Volkskommissar für Außenhandel

Kronstadt: Seefestung vor Petrograd, in der Revolution 1917 Hochburg der Bolschewiki, in den folgenden Jahren änderte sich die soziale Zusammensetzung der dortigen Matrosen, rückständigere Bauernsöhne nahmen zu. Im Frühjahr 1921 gab es einen Aufstand gegen die bolschewistische Regierung. Auch wenn viele der Teilnehmer keine konterrevolutionären Absichten hatten, war er eine gefährliche Bedrohung für die Bolschewiki, deren Sturz angesichts der Erschöpfung des Landes nach sieben Jahren Weltkrieg und Bürgerkrieg unvermeidlich zur Restauration des Kapitalismus geführt hätte. Deshalb mussten sie den Aufstand unterdrücken.

Kühlmann, Richard v. (1877-1948): Diplomat, 1917 vorübergehend Staatssekretär im Auswärtigen Amt, 1917/18 Verhandlungsleiter der deutschen Delegation in

Brest-Litowsk, bald danach geschasst, weil er der Obersten Heeresleitung zu gemäßigt war, machte dann eine Wirtschaftskarriere

Lenin (Uljanow), Wladimir Iljitsch: 1870-1924, gründete 1895 den "Kampfbund zur Befreiung der Arbeit", seit 1903 führender Kopf der Bolschewiki, 26. 10. (8. 11.) 1917 Vorsitzender des Rats der Volkskommissare, 21. 1. 1924 an Folgen von drei Schlaganfällen gestorben

Levi, Paul (-1930): vor dem Krieg auf dem linken Flügel der SPD, Anwalt von Rosa Luxemburg, Mitbegründer von Spartakusbund und KPD, 1919-21 KPD-Vorsitzender, trat Anfang 1921 wegen der Italienpolitik der Komintern (s. u. bei Serrati) zurück, wegen der illoyalen Form seiner Kritik an der Märzaktion aus KPD und Komintern ausgeschossen, gründete die Kommunistische Arbeitsgruppe, mit der er erst zur USPD und dann zur SPD zurückkehrte.

Liebknecht, Karl: 1871-1919, 1907 Gründer der sozialistischen Jugendinternationale, stimmte am 2. 12. 1914 als erster SPD-Abgeordneter gegen Kriegskredite, 1916 bei Erster-Mai-Demonstration verhaftet, Mitbegründer der Kommunistischen Partei Deutschlands (KPD), am 15. 1. 1919 ermordet

Linke Sozialrevolutionäre: 1917 wachsende Opposition innerhalb der Sozialrevolutionäre, aber erst nach Oktoberrevolution organisatorische Trennung, 19. 11. 1917 1. Parteitag der Linken Sozialrevolutionäre, 9. 12. 1917 Eintritt in die Sowjetregierung, 15. 3. 1918 Austritt wegen Friedensvertrag mit Deutschland, wegen Attentat auf deutschen Botschafter Vorstand verhaftet

Longuet, Jean (1876-1938): führte 1915 die pazifistische Minderheit in der SFIO, lehnte aber 1920 den Beitritt zur Kommunistischen Internationale ab, Enkel von Marx

Ludendorff, Erich (1865-1937): 1914 Generalstabschef, ab 1916 faktisch Militärdiktator, 26. 10. 1918 vom Kaiser entlassen, Teilnehmer an Hitlers gescheitertem Putsch 1923, 1924-28 im Reichstag. 1925 Präsidentschaftskandidat der Nazis

Luxemburg, Rosa: 1871 in Polen geboren, seit 1898 in Deutschland, während der Revolution 1905 in Polen, 1906 in Warschau verhaftet, auf dem linken Flügel der SPD (für Massenstreiks, aktiven Kampf gegen Imperialismus), Exilleitung der Sozialdemokratie des Königreichs Polen und Litauen (SDKPiL), deren in Russland lebende Mitglieder sich im Juli 1917 mit den Bolschewiki vereinigten, im Ersten Weltkrieg mehrfach im Gefängnis, Mitbegründerin der KPD, am 15. 1. 1919 ermordet

Maslow, Arcady (18??-1941, hieß bis 1919 Isaak Tscherminsky), trat als Student dem Spartakusbund bei, 1920 KPD-Zentrale, 1921 mit Ruth Fischer Führung der Berliner KPD, (ultra-)linke Opposition in der KPD, wurde 1924 KPD-Führung, 1926 ausgeschlossen, war 1934 für Vierte Internationale, wurde beratendes, 1935 Vollmitglied im Internationalen Sekretariat der Bewegung für die Vierte Internationale, brach 1937 mit Trotzkismus, in kubanischem Exil wahrscheinlich auf Stalins Befehl ermordet.

Mehring, Franz (1846-1919): zunächst bürgerlicher Demokrat, dann Sozialdemokrat, Mitarbeiter des Theorieorgans „Neue Zeit", schrieb 1909 eine umfangreiche „Geschichte der deutschen Sozialdemokratie" und andere historische Werke, nach vorübergehenden Schwankungen ab 1913 gemeinsamer Kampf mit Rosa Luxemburg gegen den Opportunismus, Mitbegründer der KPD

Menschewiki ("Minderheitler"): 1903 rechte Fraktion der Sozialdemokratischen Arbeiterpartei Russlands, entwickelte sich nach 1905 von einer ArbeiterInnen- zu einer kleinbürgerlichen Partei

Mirbach-Horff, Wilhelm Graf von (1871-1918): deutscher Diplomat, war der deutsche Botschafter in Sowjetrussland nach dem Abschluss des Friedens von Brest-Litowsk. Die Linken Sozialrevolutionäre ermordeten ihn im Sommer 1918, um auf diese Weise einen Krieg mit Deutschland zu provozieren

Molkenbuhr, Hermann (1851-1927): Sozialdemokrat, 1890-1920 Reichstagsabgeordneter, im August 1914 einer der Drahtzieher der Unterstützung des deutschen Imperialismus im Krieg

Müller, Alfred (1866-1925?): Generalleutnant, Kommandant des Wehrkreises 4, leitete 1923 die Operation gegen die sächsische Arbeiterregierung

Narodnaja Wolja (Volkswille, Volksfreiheit): revolutionäre Organisation in Russland, aus der Volkstümlerbewegung (s. Narodniki) entstanden: „Durch die Erfahrung des Kampfes wurden die Vorurteile gegen Zentralismus und Disziplin leicht überwunden (…) die Provinzgruppen schlossen sich bereitwillig einem organisierenden Zentrum an. So wurde von auserlesenen Elementen „Semlja i Wolja (Land und Freiheit) gegründet, eine in ihrer Zusammensetzung und in der Geschlossenheit ihrer Kader wahrhaft hervorragende Organisation der revolutionären Volkstümlerbewegung. Doch immer schärfer wurde der Skeptizismus in den Beziehungen der Volkstümler zum Volk, das angesichts der blutigen Opfer der Revolutionäre so teilnahmslos blieb. (...) der systematische Terror wird auf die Tagesordnung gestellt. (...) „Nach dem Bruch (Juni 1879) mit den altgläubigen Volkstümlern, die der Loslösung vom Dorf nicht zustimmten, wechselte „Semlja i Wolja" die Haut und betrat die politische Arena schon als „Narodnaja Wolja" (Doppelbedeutung: „Volkswille" und „Volksfreiheit". (...) Gleichzeitig mit der trügerischen Hoffnung auf die Propaganda, die endgültig dem Terror ihren Platz abtrat, wurde der Revolver, der seine Unzuverlässigkeit erwiesen hatte vom Dynamit abgelöst. Die ganze Organisation wurde entsprechend den Bedürfnissen des terroristischen Kampfes umgebaut und die Kräfte und Mittel in den Dienst der Vorbereitung von Attentaten gestellt. (...) So versuchte die vom Volk isolierte und gleichzeitig auf historischen Vorposten gestellte Intelligenz ihre soziale Schwäche mit der Sprengkraft des Dynamits zu kompensieren. Die Chemie der Zerstörung wurde in ihren Händen zur politischen Alchimie. (...) Tatsächlich verwandelte der Verzicht auf den Massenkampf die sozialistischen Ziele in eine subjektive Illusion. Realität blieb nur de Taktik der Einschüchterung der Monarchie durch Bomben mit der einzigen Perspektive, verfassungsmäßige Freiheiten zu erringen. Ihrer objektiven Rolle nach wurden die aufrührerischen Anarchisten von gestern, die von der bürgerlichen Demokratie nichts hören wollten, zu einem Sturmtrupp im Dienst des Liberalismus. (...) Keine illegale Gruppe kann auf die Dauer ohne sympathisierende Deckung operieren. Durch die politische Isolierung wurden die Terroristen endgültig der Polizei preisgegeben, die mit wachsendem Erfolg die Reste der alten Gruppen und

Keime von Neuem erledigte." (Leo Trotzki, Der junge Lenin, Frankfurt am Main 1971, S. 42-45, 47)

Narodniki (Volkstümler): revolutionäre Bewegung in Russland in den 1870er Jahren. „Die Intelligenz, die ein Produkt des Zerfalls der alten Stände war, fand weder hinreichend Nachfrage nach ihrer Arbeit noch einen Wirkungsbereich für ihren politischen Einfluss. Sie brach mit dem Adel, der Bürokratie, der Geistlichkeit, mit ihrem müßigen Leben und ihren sklavenhalterischen Traditionen. Aber sie suchte auch keinen Anschluss an die noch allzu primitive und rohe Bourgeoisie. Sie betrachtete sich als sozial unabhängig und erstickte gleichzeitig beinahe in den Klauen des Zarismus. (…) Seit den sechziger Jahren hatte sie sich eine Theorie zu eigen gemacht, wonach die Vorwärtsbewegung der Menschheit das Ergebnis des krischen Denkens sei; wer aber konnte denn als Träger ders kritischen Denkens auftreten, wenn nicht sie, die Intelligenz? Da sie gleichzeitig ihre geringe Zahl und ihre Isolierung fürchtete, war die Intelligenz genötigt, zur großen Gebärde, der Waffen der Schwachen, Zuflucht zu nehmen: Sie sagte sich los von sich selbst, um desto mehr Recht zu haben, im Namen des Volkes zu sprechen und zu handeln (…). Aber Volk war gleichbedeutend mit der Bauernschaft. (…) Die Anbetung der Bauernschaft und der Dorfgemeinschaft durch de Volkstümler wurde zur Kehrseite des maßlosen Anspruchs des „geistigen Proletariats" auf die Rolle des wichtigsten, wenn nicht einzigen Hels des Fortschritts. Die Geschichte der russischen Intelligenz spielt sich zwischen diesen beiden Polen ab: der Selbsterniedrigung und dem Hochmut, dem kurzen und dem langen Schatten ihrer sozialen Schwäche. (…) Schon die ersten revolutionären Gruppen stellten sich die Aufgabe, einen Bauernsaufstand vorzubereiten. (…) Die nach einer kurzen Atempause im Jahre 1873 wiederauflebende

Bewegung nimmt den Charakter eines chaotischen massenweisen Ins-Volk-Gehen der Intelligenz an. Junge Leute, vor allem ehemalige Studenten und Studentinnen, insgesamt gegen tausend, trugen die sozialistische Propaganda in alle Teile des Landes (…). Der schicksalhafte Ablauf der Verhältnisse wollte es, dass das Dorf, das fast während der ganzen Geschichte Russlands in Aufruhr war, gerade dann still wurde, als sich die Stadt für das Dorf zu interessieren begann (…). Das Dorf empfing die Propagandisten nicht nur nicht mit offenen Armen, sondern wies sie feindselig ab. Diese Tatsache führte zum dramatischen Verlauf der revolutionären Bewegung der siebziger Jahre und zu ihrem tragischen Ende." (Trotzki, Der junge Lenin, a.a.O., S. 35f., 38f., 40)

Nationalliberale: Der Teil der Liberalen in Preußen/Deutschland, der in den 1860er Jahren die Opposition gegen Bismarck aufgab, entwickelte sich im Kaiserreich zur Hauptpartei der Großindustrie.

Netschajew, S. G. (1847-82), Anarchist und Terrorist und zeitweise mit Bakunin verbunden. Er war ein „Verschwörungsfanatiker". Er lehnte Klassenbewusstsein und Massenbewegungen als unnötig ab und meinte, dass eine Handvoll von kühnen und entschlossenen Führern die Revolution vollenden könne. Seine Anhänger wurden Netschajewisten genannt

Noske, Gustav (1868-1946): Sozialdemokrat, 1906 Reichstagsabgeordneter, Befürworter von Kolonialpolitik, 1919 organisierte er die Unterdrückung des Januaraufstands durch konterrevolutionäre Freikorps, 1919-20 Reichswehrminister

Poincaré, Raymond (1860-1934): bürgerlicher französischer Politiker, 1913-20 Präsident, 1922-24 und 1926-29 Ministerpräsident, nach dem ersten Weltkrieg Befürworter eines harten Kurses gegenüber Deutschland (Versailler Vertrag, Ruhrbesetzung 1923), nachdem das fast zum Sturz des Kapitalismus in Deutschland geführt hätte, etwas zurückhaltender

Rada (ukrainisch für „Rat"): Nach der russischen Februarrevolution als Vertretung der Ukraine von bürgerlichen Liberalen, Sozialrevolutionären und Menschewiki gebildet. Mitte Juni erklärte sie die Ukraine für autonom, nach der Oktoberrevolution versuchte die Rada sowohl die Unterstützung des anglo-französischen als auch deutsch-österreichischen Imperialismus zu gewinnen. Es am zum Bürgerkrieg zischen ukrainischem Sowjetkongress und Rada, den letztre mit Hilfe des deutschen Imperialismus gewann. Im Frieden von Brest-Litowsk musste die russische Sowjetregierung die Abtretung der Ukraine anerkennen. Am 29. 4. 1918 stürze der deutsche Imperialismus die Rada, weil sie nicht kooperativ genug war.

Radek (Sobelsohn), Karl (1885-1937?): in Rosa Luxemburgs Sozialdemokratie des Königreichs Polen und Litauen und der deutschen SPD aktiv, im Ersten Weltkrieg in der Schweiz Kontakt zu Lenin, Bolschewist, 1918/19 für die Bolschewiki und 1923 für die Komintern in Deutschland, im Präsidium der Komintern, wegen Opposition gegen Stalin ausgeschlossen, 1937 zu 10 Jahren Zwangsarbeit verurteilt

Renaudel, Pierre (1871-1935): auf dem rechten Flügel der französischen Sozialisten (SFIO), 1933 ausgeschlossen

Rossbach, Gerhard (1893-1967): leitete 1918-20 Freikorps, nahm 1923 am Hitlerputsch teil, floh nach Österreich, wurde amnestiert, kehrte nach Deutschland zurück, machte unter den Nazis kurz Karriere, lebte nach dem Krieg unbehelligt in der BRD

Rupprecht (1869-1955): bayrischer Kronprinz, 1916 Generalfeldmarschall, verzichtete nach der Revolution 1918 nicht auf den bayrischen Königsthron

Scheidemann, Philipp (1865-1939): SPD-Politiker, versuchte November 1918, Revolution zu vereinnahmen, 1919 Regierungschef, 1833 emigriert

Seeckt, Hans von (1866-1946): Generaloberst, 1920-26 Chef der Heeresleitung der Reichswehr, Ende 1923 bis Anfang 1924 mit diktatorischen Vollmachten

Serrati, Giacinto (1872-1926): Anfang der zwanziger Jahre Führer der „Maximalisten" (Serratiner) in der Sozialistischen Partei (PSI), die für die Mitgliedschaft in der Komintern, aber gegen den von der Komintern geforderten Ausschluss der Reformisten um Turati waren. Die Stärke des Reformismus in der PSI verhinderte, dass die Partei die Massenbewegung der Fabrikbesetzungen im Herbst 1920 in eine revolutionäre Richtung führte. Deshalb spalteten sich die Linken Anfang 1921 ab und gründeten die Kommunistische Partei Italiens. Nachdem Turati eine Koalitionsregierung mit Bürgerlichen bilden wollte, schloss die PSI ihn und seine Anhänger im Oktober 1922 aus. Serrati bewegte sich wieder auf die Komintern zu und trat ihr mit seinen AnhängerInnen (terzinternazionalisti) 1924 bei.

Sinowjew (Radomyslski), Grigori Jewsejewitsch: 1883-1936, Bolschewik, bis 1917 mit Lenin im Exil, im Oktober 1917 gegen Machtübernahme durch Sowjets, 1919-1926 Vorsitzender der Kommunistischen Internationale, 1922-24 Geheimfraktion mit Stalin und Kamenjew gegen Trotzki, 1925-27 in Opposition zu Stalin, 1936 nach Schauprozess hingerichtet

Sowjets ("Räte"): In der Revolution 1905 entstandene Kampforganisationen der ArbeiterInnen, wurden von Soldaten und Bauern übernommen, wurden durch die Oktoberrevolution zu revolutionären Machtorganen, seit dem Bürgerkrieg 1918-1921 Bedeutungsverlust, seit Mitte der zwanziger Jahre nur noch Fassade, durch Stalins neue Verfassung 1936 auch formell abgeschafft

Sozialchauvinisten, Sozialimperialisten, Sozialpatrioten: Unterstützer des imperialistischen Krieges innerhalb der Arbeiterbewegung (unter dem Vorwand der „Vaterlandsverteidigung" etc.).

Sozialrevolutionäre: kleinbürgerliche Partei in Russland, 1902 gegründet, vor allem in Bauernschaft verankert, betrieb seit März 1917 eine den Interessen ihrer AnhängerInnen entgegengesetzte Politik, ihr Programm wurde gegen ihren Widerstand in der Oktoberrevolution umgesetzt

Stinnes, Hugo (1870-1924): baute ein riesiges Firmenimperium auf, teils dadurch, dass er während der Inflation Anfang der zwanziger Jahre Firmen auf Kredit kaufte und die Kredite zurückzahlte, wenn das Geld fast nichts mehr wert war.

Stolypin, Pjotr Arkadjewitsch (1862-1911): 1906 russischer Ministerpräsident, unterdrückte Revolution und versuchte durch Reformen den Kapitalismus in der Landwirtschaft zu stärken

Stresemann, Gustav (1878-1929): vor dem ersten Weltkrieg Wirtschaftslobbyist, im Krieg Verfechter umfangreicher Annexionen, gründete im Dezember 1918 die Deutsche Volkspartei, weil die liberale Deutsche Demokratische Partei ihn wegen seiner Vergangenheit nicht aufnehmen wollte, August bis November 1923 Reichskanzler, bis zu seinem Tod Außenminister.

Syndikalisten: „Der französische Syndikalismus war in bestimmter Weise eine Reaktion auf die Niederlage der Pariser Kommune, denn er stellt eine Distanzierung vom Kampf für die Diktatur des Proletariats dar. Andererseits war er eine Reaktion auf den Reformismus und den Opportunismus in der Arbeiterbewegung des Westens (…) Die Grundelemente der Theorie des französischen Syndikalismus lassen sich auf folgende Thesen zusammenfassen:

1. Die Zukunftsgesellschaft ist als Resultat der Abschaffung des kapitalistischen Systems und auf Grundlage sich selbst verwaltender Syndikate [Gewerkschaften] aufgebaut; sie wird einen weitaus größeren Raum für die Entwicklung der Produktivkräfte schafften als es im Kapitalismus möglich war.

2. Die Arbeiterklasse kann sich nur durch einen erbitterten Kampf von der kapitalistischen Fesselung befreien. Dieser Kampf wird nicht auf der Grundlage des bestehenden politischen Systems geführt, auf keinen Fall in ihm, nicht mit Hilfe der Ausnutzung seiner Institutionen

wie zum Beispiel des Parlamentarismus, sondern außerhalb dieses Systems. Der bestehende bürgerliche Staat soll nicht verändert, sondern zerschlagen werden.

3. Bei den gegenwärtigen Bedingungen des revolutionären Kampfes würden die Methoden des Barrikadenkampfes zu einer blutigen Niederlage führen. Die einzig spezifische Form des proletarischen Kampfes ist der Generalstreik, der der Arbeiterklasse erlaubt, die Machtübernahme des Proletariats zu verwirklichen. (…)

5. Der revolutionäre Syndikalismus, der sich gegen den bürgerlichen Staat stellt und diesen zerschlagen will, wendet sich damit zugleich gegen den Militarismus und Patriotismus. (…)

Ein Teil der Syndikalisten wie Lagardelle hinkte hinter der patriotischen Welle von 1914 her und beeilte sich, der allgemeinen chauvinistischen Psychose der Bourgeoisie zu folgen. Umgekehrt blieb der andere Teil und das ist sehr bedeutsam, seiner antipatriotischen Haltung treu und nahm gegen den Weltkrieg eine ablehnende Stellung ein. Dieser Teil der Syndikalisten verstand den historischen Sinn der Oktoberrevolution in Russland und sympathisierte offen mit den Bolschewiki. (…)

Die Syndikalisten sprechen sich nicht nur gegen den Parlamentarismus aus, sie sind überhaupt gegen den politischen Kampf und auch gegen den Aufbau einer politischen Partei des Proletariats (…)

der Generalstreik ist eine Form des Kampfes, den politischen Kampf gegen den Kapitalismus und gegen den bürgerlichen Staat zu umgehen und den bewaffneten Aufstand durch bedeutend leichtere und weniger riskante

Aktionen zu ersetzen. Damit ist der Generalstreik, den die Syndikalisten äußerlich mit revolutionärer Phraseologie umschrieben, ein Rückschritt nicht nur im Vergleich zum revolutionären Marxismus, sondern auch im Vergleich zum französischen Blanquismus und zur Pariser Kommune. (…) Die Generalstreiks, die siegreichen aber auch die misslungenen, sind keineswegs ein Mythos. Sie haben in der Vergangenheit nicht nur einmal stattgefunden und sie werden sich wahrscheinlich auch in Zukunft ereignen. Jedoch ist ein solcher Generalstreik, der den Kapitalismus und den bürgerlichen Staat stürzen könnte, ohne allerdings in einen Aufstand überzugehen, tatsächlich ein Mythos (…) im wahrsten Sinne des Wortes. Solche Streiks gab es nicht und wird es auch nicht geben." (E. Preobraschenskij, Die sozialistische Alternative, Berlin 1974, S. 96f., 127, 100, 101, 103. Preobraschenskij war Bolschewist, 1923-29 führendes Mitglied von Trotzkis linker Opposition gegen den Stalinismus, 1937 von Stalin ermordet)

Thalheimer, August (1884-1948): Linker Sozialdemokrat, Spartakusbund, KPD, galt nach der Ermordung Rosa Luxemburgs als führender Theoretiker, war 1924-28 in Sowjetunion, dann Mitbegründer der KPO [Kommunistische Partei Deutschlands (Opposition)], eine rechte Abspaltung von der KPD

Thälmann, Ernst (1866-1944): Seit Mitte der zwanziger Jahre an der Spitze der KPD, setzte Stalins ultralinke Politik («Sozialfaschismus» etc.) um, von den Nazis 1933 ins KZ Buchenwald gebracht und dort 1944 ermordet

USPD (Unabhängige Sozialdemokratische Partei Deutschlands): 1917 von GegnerInnen der Kriegspolitik der SPD-Mehrheit gegründet. Der Spartakusbund arbeitete bis zur Gründung der KPD Ende 1918 in ihr mit. In der Revolution bekam die USPD Massenzulauf und radikalisierte sich. Der linke Flügel vereinigte sich Ende 1920 mit der KPD, der rechte kehrte 1922 zur SPD zurück, eine kleine Gruppe um Georg Ledebour (der sich bald auch verabschiedete) blieb übrig.

Versöhnler: Bezeichnung für die russischen Menschewiki und Sozialrevolutionäre, die eine Versöhnung mit dem Kapitalismus anstrebten, übertragen auch für deutsche und andere Sozialdemokraten

Volkstümler: siehe Narodniki

Zar: russischer Kaiser, der letzte Zar Nikolaus II (1868-1918, seit dem Blutsonntag 1905 Nikolaus der Blutige genannt) wurde durch die Februarrevolution 1917 gestürzt, im Bürgerkrieg getötet

Zentrum: im Juni 1870 als katholische Interessenvertretung im mehrheitlich protestantischen Preußen/Deutschland gegründet, bürgerliche Partei, auch wenn sie die katholische Arbeiterbewegung vereinnahmte. Arbeitete teils mit den Konservativen, ab Ende des Ersten Weltkriegs auch mit den Sozialdemokraten zusammen, stimmte 1933 Hitlers Ermächtigungsgesetz zu und löste sich auf. Die meisten ihrer ehemaligen Funktionäre wirkten 1945 an der Gründung der CDU mit.

Zeretelli, Iraklij Georgijewitsch (1881-1959): aus georgischer Fürstenfamilie, Menschewik, nach der russischen Februarrevolution in der Koalitionsregierung des Fürsten Lwow, nach der Besetzung Georgiens durch die Rote Armee 1921 im Exil

Zweite Internationale: 1889 gegründeter Zusammenschluss sozialdemokratischer Parteien, die ersten Jahre unter maßgeblicher Beteiligung von Friedrich Engels. In den folgenden Jahren bekamen reformistische und opportunistische Kräfte in den meisten Mitgliedsparteien die Oberhand. 1914 unterstützten fast alle ihre jeweilige Regierung. Die Internationale zerfiel, wurde aber Anfang der zwanziger Jahre wiederbelebt.

Zweieinhalbte Internationale: Die Internationale Vereinigung Sozialistischer Parteien wurde 1921 von Organisationen gegründet, die unter dem Druck ihrer Basis die Zweite Internationale verlassen hatten, aber der Komintern nicht beitreten wollten. Im Mai 1923 vereinigte sie sich mit der Zweiten Internationale.